Vorwort

Beschwerden verweisen auf die Bedürfnisse von Kindern

Beschwerden, ganz egal, von wem sie kommen, sind in der Regel kein Thema, mit dem sich Menschen gerne auseinandersetzen. Dies gilt – auf den ersten Blick – auch für die Beschwerden von Kindern. Mit diesem Heft wollen wir einen zweiten Blick auf diese Beschwerden anregen. Denn in jeder Beschwerde steckt nicht nur der (negative) „Hinweis" auf Verbesserungswürdiges, sondern auch ein Entwicklungspotenzial – für die Kinder, die Fachkräfte und die gesamte Einrichtung. Beschwerdeverfahren für und mit Kindern zu entwickeln, bedeutet, sich auf den Weg zu machen, die Bedürfnisse und Anliegen der Kinder bewusst wahrzunehmen und zum Ausgangspunkt pädagogischen Handelns zu machen. Ein positiver Blick auf die Beschwerden der Kinder sensibilisiert Erwachsene und ermöglicht gleichzeitig einen Perspektivwechsel. Dieser führt fast zwangsläufig zu einer Reflexion von bestehenden Strukturen und Abläufen sowie des eigenen Verhaltens. Das Thema selbst bewegt sich im Feld von Partizipation, Kinderrechten und Kinderschutz. So tragen Beschwerdeverfahren dazu bei, Kindern zu ermöglichen, ihre Rechte wahrzunehmen, zu vertreten und gemeinsam mit anderen umzusetzen. Die strukturelle Verankerung von Beschwerde- und Mitwirkungsrechten der Kinder ist wesentlicher Bestandteil eines präventiven Konzepts, das den Kinderschutz zum bewussten pädagogischen Handlungsfeld macht. Insofern erfüllt die Implementierung von Beschwerdeverfahren nicht nur die rechtlichen Anforderungen des Bundeskinderschutzgesetzes, sondern führt weg von einer Pädagogik ***für*** Kinder hin zu einer Pädagogik ***mit*** Kindern.
Was ist eigentlich unter dem Begriff „Beschwerde" zu verstehen? Wie äußern Kinder Beschwerden? Wie kann mit Beschwerden der Kinder umgegangen und wie ein entsprechendes Verfahren konzeptionell verankert und praktisch im Alltag umgesetzt werden? Welche Haltung, welche Prozesse und Strukturen braucht ein Kita-Team dazu? Diesen Fragen möchten wir im vorliegenden Heft nachgehen und praxiserprobte Möglichkeiten der Umsetzung bieten. Unser Anliegen ist es, Leitungs- und pädagogische Fachkräfte dabei zu unterstützen, sich mit dem Thema „Beschwerden der Kinder" auseinanderzusetzen und individuelle Wege der Beschwerdebearbeitung zu gehen.

Franziska Schubert-Suffrian & Michael Regner

Die Autoren dieses Heftes

Michael Regner ist freiberuflich sowohl in der Fort- und Weiterbildung als auch in der Organisationsentwicklung sowie als Coach und Trainer tätig. Er hat langjährige Berufserfahrung in der Kinder- und Jugendarbeit, absolvierte eine Ausbildung zum professionellen Coach und ist Autor von Fachpublikationen.

Franziska Schubert-Suffrian, Erzieherin, Heilpädagogin, Dipl.-Sozialpädagogin, ist stellvertretende Geschäftsführerin und koordinierende Fachberaterin im Verband Ev. Kindertageseinrichtungen in Schleswig-Holstein und freiberuflich sowohl in der Fort- und Weiterbildung als auch in der Organisationsentwicklung sowie als Coach tätig. Sie hat langjährige Berufserfahrung als Kita-Leitung und ist Autorin von Fachpublikationen.

Beide Autoren haben die Arbeitsschwerpunkte Beschwerdemanagement, Partizipation, Beobachten und Dokumentieren, Lernwerkstatt, Team- und Einzelcoaching.

Inhalt

Hinweis: Zur besseren Lesbarkeit verwenden wir durchgängig weibliche Bezeichnungen, z.B. „Erzieherinnen", „Leiterinnen". Selbstverständlich sind immer auch die männlichen Vertreter des Berufsstandes gemeint.

I. Hintergründe und Definitionen

1. Beschwerdeverfahren für Kinder – warum?

Kinder, die sich selbstbewusst für ihre Rechte und Bedürfnisse einsetzen und sich wertgeschätzt und (selbst-)wirksam fühlen, sind besser vor Gefährdungen geschützt. Damit ist die Entwicklung von Beschwerdemöglichkeiten ein wichtiger Beitrag zur Gewaltprävention und zum Schutz jedes Kindes.
Diesen Gedanken greift das am 1.1.2012 in Kraft getretene Bundeskinderschutzgesetz auf. Es gibt vor, dass Kindern in Kindertageseinrichtungen neben dem Beteiligungsrecht auch ein Beschwerderecht einzuräumen ist. Jedes Kind hat demnach das Recht, eine Beschwerde zu äußern, und Anspruch darauf, dass diese Beschwerde gehört und adäquat behandelt wird (vgl. § 45 Abs. 2 S. 3 SGB VIII in Kapitel V sowie Bundesarbeitsgemeinschaft der Landesjugendämter 2013).
Dieses gesetzlich geforderte Beschwerderecht für Kinder im Alltag der Kita umzusetzen, stellt die pädagogischen Fachkräfte in vielen Einrichtungen vor (neue) Herausforderungen. Die Umsetzung der Vorgaben führt unserer Erfahrung nach in den Kita-Teams zu einem Veränderungsprozess, der häufig auch mit einem Umdenken im Hinblick auf die pädagogische Ausrichtung der Einrichtung einhergeht.
Um ein Beschwerdeverfahren erfolgreich zu implementieren, ist ein achtsames, feinfühliges und wertschätzendes Verhalten der pädagogischen Fachkräfte im Umgang mit den Kindern erforderlich. Das Kind und das Erfassen seiner spezifischen Situation stehen im Mittelpunkt und werden zum Ausgangspunkt pädagogischen Handelns. Die Fachkraft nimmt sensibel wahr, worum es dem Kind geht, und macht sich gemeinsam mit ihm oder der Gruppe auf einen neuen Weg. Damit sind die Kinder mehr als nur „Objekte" pädagogischer Angebote und Maßnahmen: Sie schaffen und gestalten gemeinsam mit den pädagogischen Fachkräften aktiv (neue) Strukturen im Alltag der Kindertageseinrichtung.

2. Beschwerdekultur – Beschwerdeverfahren

Der Duden definiert eine Beschwerde als „Klage, mit der man sich [an höherer Stelle] über jemanden, etwas beschwert" (www.duden.de).
Im Bereich der Wirtschaftsunternehmen wird eine Beschwerde genauer definiert, nämlich als eine Unzufriedenheitsäußerung, die an eine Institution bzw. deren Vertreter gerichtet wird. Ursache für die Unzufriedenheit ist eine erlebte Abweichung zwischen der Erwartung bzw. dem Bedürfnis einer Person und der von ihr vorgefundenen Situation. Ziel der Unzufriedenheitsäußerung ist es, die Beschwerdeursache zu beseitigen oder eine wie auch immer beschaffene Entschädigung/Wiedergutmachung zu erhalten (vgl. Stauss & Seidel 2007, S. 49 f.).
Für Kindertageseinrichtungen, in denen Kinder sowohl Beschwerdeempfänger als auch Beschwerdeführer sind, muss die Definition noch weiter

Nicht immer werden Beschwerden so eindeutig vorgebracht

gefasst werden. Kinder äußern Beschwerden oft nicht direkt. Ihnen ist in vielen Fällen nicht bewusst, dass sie gerade eine Beschwerde äußern, und auch das Ziel, die Beschwerdeursache zu beseitigen oder zumindest entschädigt zu werden, liegt nicht immer vor. Manchmal geht es den Kindern auch ausschließlich darum, gehört zu werden.

Formulierungen wie „Ich möchte mich über … beschweren" werden von Kindern unserer Erfahrung nach erst im Zuge einer intensiven Auseinandersetzung mit der Thematik geäußert. Häufiger teilen Kita-Kinder Beschwerden „verpackt" mit. Sie beziehen ihre Beschwerde dann nicht auf eine konkrete Ursache bzw. Situation, sondern signalisieren eher ein allgemeines Unwohlsein („Kommt Mama bald?", „Mir ist langweilig") oder machen personenbezogene Äußerungen („Die großen Jungs sind voll doof!"). Nonverbal äußern sie dieses Unwohlsein, indem sie sich beispielsweise zurückziehen, weinen, zuschlagen oder sich anderweitig körperlich abreagieren. Diese (Verhaltens-)Äußerungen müssen dann erst in einem dialogischen Prozess zwischen Kind und Erwachsenem „ausgepackt" und konkretisiert werden, um daran weiterarbeiten zu können.

Ein Beschwerdeverständnis, das Grundlage für ein Beschwerdeverfahren in der Kita sein soll, muss diese nicht direkt geäußerten Beschwerden mit einbeziehen. Eine Beschwerde in diesem Sinn ist ein wie auch immer geäußertes oder gezeigtes Unwohlsein, eine Unzufriedenheit oder ein Veränderungswunsch in Bezug auf einen Sachverhalt oder das Verhalten einer Person.

Die Ursache jeder Beschwerde ist ein unerfülltes Bedürfnis. Damit wird die Haltung zugrunde gelegt, dass nicht das Kind sich im vorgegebenen Rahmen beschweren können muss, son-

Beschwerdekultur/Beschwerdeverfahren

Die Beschwerdekultur und das Beschwerdeverfahren einer Einrichtung können sich deutlich voneinander unterscheiden. Während der Begriff „Beschwerdeverfahren" die gezielte Steuerung von der Aufnahme einer Beschwerde bis zur Beseitigung der Beschwerdeursache beschreibt, bezeichnet „Beschwerdekultur" die Art und Weise, wie die Mitarbeiterinnen mit den Beschwerden umgehen und ob z. B. eine fehlerfreundliche, offene und wertschätzende Haltung innerhalb des Teams, gegenüber den Kindern und deren Eltern herrscht. Insofern sagt die Beschwerdekultur einer Einrichtung immer auch etwas über die Gesamtatmosphäre des Hauses und die Einstellungen der Mitarbeiterinnen aus.

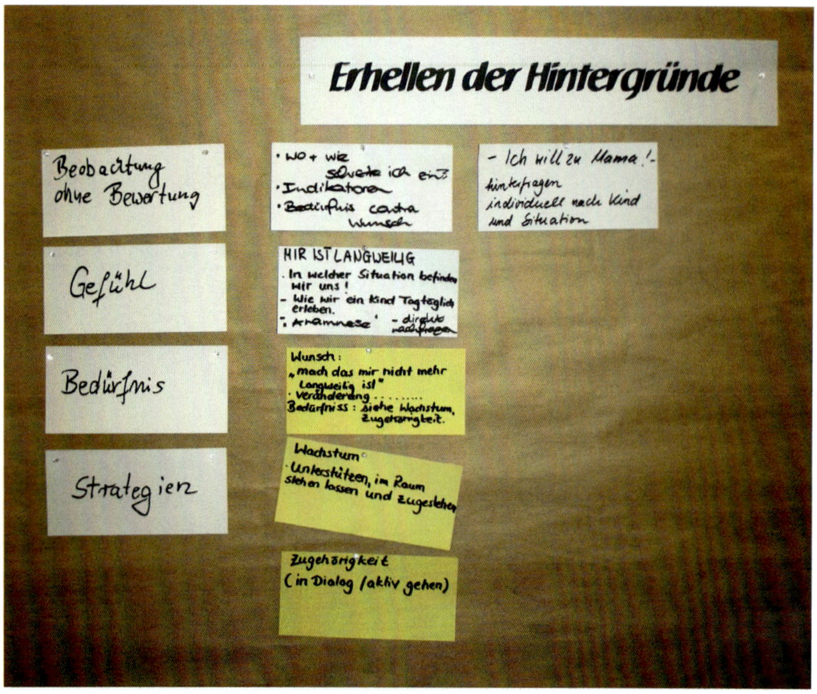

Was steckt hinter den Beschwerden der Kinder?

dern es vorrangig die Aufgabe der Fachkräfte ist, jedem Kind die Äußerung seiner Bedürfnisse und ein „Gehört-Werden" zu ermöglichen. Für die pädagogische Arbeit ist der zentrale Aspekt das nicht erfüllte Bedürfnis, das hinter der wie auch immer geäußerten Beschwerde steckt. Die Auseinandersetzung mit den Beschwerden der Kinder ist somit immer eine Auseinandersetzung mit deren Bedürfnissen. Ein Beschwerdeverfahren für Kita-Kinder zu entwickeln, bedeutet, diese Bedürfnisse der Kinder in den Mittelpunkt der pädagogischen Arbeit zu stellen. In diesem Prozess geht es nicht in erster Linie um ein systematisches Erarbeiten von Strukturen, die die Bearbeitung der Beschwerden zum Ziel haben, sondern immer um die wechselseitige Auseinandersetzung mit den Bedürfnissen der Kinder und denen der Fachkräfte. Das bedeutet nicht, dass immer alle Bedürfnisse (sofort) erfüllt werden können oder müssen. Entscheidend ist die grundsätzliche Haltung, dass alle Bedürfnisse berechtigt und wahr sind.

3. Bedürfnis – Wunsch

Zu den menschlichen Grundbedürfnissen zählen körperliche Bedürfnisse (Nahrung, Schlaf, Erholung …), psychische Bedürfnisse (Weiterentwicklung, Sicherheit …) und soziale Bedürfnisse (Autonomie, Anerkennung, Nähe …). Sie haben die Funktion, das Überleben des Individuums zu sichern. Bedürfnisse sind in jedem Moment unseres Lebens wirksam, auch wenn wir sie nicht immer bewusst wahrnehmen. Die Befriedigung der Grundbedürfnisse ist die Voraussetzung für körperliches und seelisches Wohlbefinden und damit für die körperliche, seelische und geistige Gesundheit und Entwicklung.

Die Bedürfnistheorie des Sozialwissenschaftlers Werner Obrecht besagt, dass sich Menschen am wohlsten fühlen, wenn sie sich in einem körperlichen, psychischen und sozialen Gleichgewicht befinden. Dieses Gleichgewicht wird immer wieder durch äußere und innere Prozesse gestört. Bei Säuglingen ist dies gut zu beobachten: Ein satter, zufriedener, trockener Säugling, der sich in den Arm des Vaters oder der Mutter kuschelt, befindet sich in diesem Gleichgewicht. Durch den Verbrauch von Energie entfernt er sich nun von diesem befriedigenden Zustand. Der Körper reagiert auf dieses Ungleichgewicht z. B. mit dem Bedürfnis nach Nahrung. Bedürfnisse sind also der Ausdruck einer Diskrepanz zwischen dem befriedigenden Idealzustand und dem mangelhaften Ist-Zustand (vgl. Obrecht 1999). Sie sind immer legitim und berechtigt. Den Bedürfnissen der Kinder nachzugehen, heißt demnach nicht, sie zu verwöhnen oder zu verziehen, sondern vielmehr, ihnen die Möglichkeit zu geben, ihre eigenen Bedürfnisse kennenzulernen und einen angemessen Umgang mit ihnen zu erproben.
Nach den amerikanischen Motivationsforschern Deci und Ryan (vgl. Niedersächsisches Institut für frühkindliche Bildung und Entwicklung) ist die Befriedigung der Bedürfnisse Autonomie, Kompetenz und Bindung neben den körperlichen Bedürfnissen von elementarer Bedeutung. Aufgrund ihrer Forschungen zur Motivation gehen sie davon aus, dass Menschen nur dann engagiert und interessiert sind, wenn sie sich als kompetent, autonom und eingebunden erleben

(vgl. Niedersächsisches Institut für frühkindliche Bildung und Entwicklung). Aus ihrer Sicht ist die Befriedigung der elementaren Bedürfnisse somit Grundlage für alle Bildungs- und Entwicklungsprozesse. So kann ein Kind, das sich in der Kita heftig nach seiner Mutter sehnt, also das Bedürfnis nach Zugehörigkeit und Nähe hat, nur schwer (oder gar nicht) für ein Angebot mit anderen Kindern begeistert werden. Werden die Grundbedürfnisse langfristig nicht erfüllt, hat dies fatale Folgen für die gesamte Entwicklung eines Kindes (ebd.). In Bezug auf die Befriedigung ihrer Bedürfnisse sind Kinder von ihrer personalen und strukturellen Umgebung abhängig. Sie brauchen Erwachsene, die sie dabei unterstützen, ihre Bedürfnisse wahrzunehmen, zu äußern und Wege zu finden, diese zu stillen.

Wünsche konkretisieren Bedürfnisse

Ole kommt entrüstet aus dem Nebenraum in der Kita gelaufen und steuert geradewegs auf die Erzieherin zu: „Die lassen mich nicht mitspielen, das ist voll gemein!" Die Erzieherin schaut ihn fragend an. Noch bevor sie eine Frage stellen kann, spricht Ole weiter: „Du musst sagen, dass ich auch mitspielen darf. Ich bin heute nämlich der Bestimmer!"

Wie das Praxisbeispiel zeigt, verläuft die Grenze zwischen Wünschen und Bedürfnissen oft fließend. Wünsche sind die individuelle und kulturell geprägte Konkretisierung von Bedürfnissen. Das Weinen eines Säuglings macht sein Bedürfnis nach Nahrung deutlich. Das fordernde Schreien eines Dreijährigen an der Kasse des Supermarkts nach einer bestimmten Sorte Bonbons ist der vehemente Ausdruck seines Wunsches. Das Bedürfnis, das dahintersteckt, kann ebenfalls das nach Nahrung sein oder Ausdruck seines Autonomiebestrebens. Ein Wunsch ist damit der wie auch immer geäußerte Ausdruck der Strategie, um zur Erfüllung von Bedürfnissen zu gelangen. Wünsche können materiell sein, wie z. B. der Wunsch nach Bonbons, oder immateriell, z. B. nach Zugehörigkeit oder Gerechtigkeit wie bei Ole. Anders als Bedürfnisse können Wünsche von außen betrachtet grenzenlos und unangemessen erscheinen.

4. Formen von Beschwerden

Beschwerden sind nicht gleich Beschwerden. Die Anliegen und Bedürfnisse der Kinder, die hinter einer Beschwerde im weitesten Sinn stecken, können sehr unterschiedlich aussehen. In der Praxis haben wir zwei Formen von Beschwerden identifizieren können: Verhinderungsbeschwerden und Ermöglichungsbeschwerden.

Verhinderungsbeschwerden

„Halt! Stopp! Ich will nicht, dass du meinen neuen Trecker nimmst!", schreit der dreijährige Marius seinen Freund Tobias an. Tobias macht daraufhin einen Vorschlag: „Wenn ich deinen Trecker kriege, kannst du auch mal meinen Kuschelhund haben." „Nö – will ich nicht! Ist mein Trecker!"

Bei Verhinderungsbeschwerden geht es darum, andere Personen darauf aufmerksam zu machen, dass sie eine Grenze überschreiten. Diese Beschwerden sollen ein „Stopp-Signal" setzen und verhindern, dass ein anderer die empfundene Grenzüberschreitung fortsetzt. Verhinderungsbeschwerden sind somit eine Sofortmaßnahme und richten sich immer direkt an den Verursacher. Sie signalisieren: „Hör auf damit!" Mithilfe von Verhinderungsbeschwerden können Kinder auch gegenüber Erwachsenen ein Stopp-Signal setzen.

Caylin, vier Jahre, sitzt am Tisch und macht ein Logik-Legespiel. Sie ist in Gedanken versunken. Kirsten, die Heilpädagogin der Einrichtung, sitzt neben ihr. Bei jedem Zug lobt sie Caylin: „Super", „Gut gemacht", „Klasse". Nach dem dritten Lob sieht Cay-

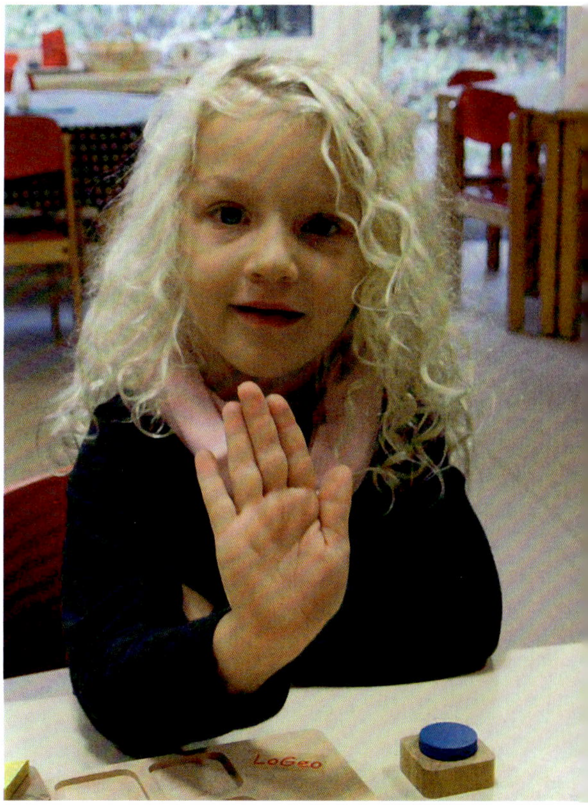

Caylin gibt ihrer Erzieherin ein Stopp-Signal

lin auf, schaut Kirsten mit gerunzelter Stirn an, macht eine abwehrende Handbewegung und sagt: „Du sollst nichts sagen!" Dann spielt sie weiter. Während sie einen weiteren Zug überlegt und den Stein dazu schon in der Hand hat, bemüht sich Kirsten, nichts mehr zu sagen, murmelt aber ein leises zustimmendes „Mhm". Daraufhin sagt Caylin: „Ganz leise sein, ohne Geräusche! Ich will das alleine machen!"

Im Kita-Alltag sind Verhinderungsbeschwerden oft mit Stoppregeln verbunden und meist auf die Konfliktvermeidung der Kinder untereinander bezogen. Diese Regeln gilt es im Alltag auch auf die Erwachsenen auszuweiten. Dies bedeutet, dass Fachkräfte diese Regeln bei Grenzüberschreitungen von Kindern ihnen gegenüber anwenden und damit vorbildhaft handeln, wie auch die Möglichkeit, dass Kinder wie im Beispiel von Caylin Verhinderungsbeschwerden (Stoppregeln) gegenüber Erwachsenen einsetzen.

„Der Rasen muss gemäht werden, damit wir Fußball spielen können!"

Ermöglichungsbeschwerden

Bei dieser Beschwerdeform geht es nicht um die Verhinderung von Handlungen, sondern eher darum, eine Veränderung bzw. eine neue Situation herbeizuführen.

Im Morgenkreis der Mondlichter-Gruppe der evangelischen Kindertagesstätte Bornhöved beschweren sich einige Jungen darüber, dass der Kita-Rasen so lange nicht gemäht wurde: „Wir können gar nicht richtig Fußball spielen! Das ist voll blöd!" Die pädagogischen Fachkräfte erklären den Kindern, dass sie den Rasen nicht selbst mähen, sondern dass dies vom Bauhof der Gemeinde erledigt wird. Der Leiter der Kita würde das in Auftrag geben. „Was können wir nun tun?" Diese Frage der Fachkräfte wird von den Kindern schnell beantwortet: „Wir gehen zum Chef und sagen ihm, dass der Rasen jetzt gemäht werden muss." Die Frage, welche Kinder das übernehmen sollen, führt dagegen zu einer längeren Diskussion. Im Rahmen einer Abstimmung werden zwei Jungen dafür gewählt. Da beide Sorge haben, dass sie vergessen könnten, was sie sagen wollen, wird – so die Idee der beiden – noch ein Erinnerungszettel (s. Abbildung) gemalt.

Diese Form der Beschwerde geht über das Stopp-Setzen hinaus. Sie verhindert kein Verhalten und kehrt dann zum Ausgangspunkt zurück, sondern lässt etwas Neues entstehen. Wenn Ermöglichungsbeschwerden gemeinsam mit den Kindern weiterbearbeitet werden, führen sie oft zu Veränderungen der Kita-Strukturen. Ermöglichungsbeschwerden können sachbezogen sein wie im oben genannten Beispiel oder das Verhalten von Personen zum Gegenstand haben.

Bei einem gemeinsamen Spiel fragt Max die Erzieherin Kirsten: „Muss ich heute wieder in die Nachmittagsgruppe?" Kirsten antwortet ihm, dass er wie jeden Dienstag und Donnerstag mit in die Nachmittagsgruppe gehen wird. Daraufhin verzieht Max das Gesicht und sagt: „Das ist voll doof!" „Dass du in die Nachmittagsgruppe gehen musst, findest du nicht gut?", fragt Kirsten nach. „Ja, bei Sabine muss ich immer am Tisch sitzen und basteln." „Und du hast keine Lust zum Basteln?" „Nö, das ist doof!" „Hast du denn Sabine schon mal gesagt, dass du keine Lust zum Basteln hast?" Max schüttelt den Kopf und murmelt: „Kannst du ihr das nicht sagen?" „Du brauchst meine Hilfe, um Sabine zu sagen, dass du keine Lust hast zu basteln?" Max nickt heftig. Beide einigen sich darauf, dass Kirsten ihrer Kollegin sagt, dass Max nicht mitbasteln möchte, und er Sabine dann erklärt, dass er lieber auf dem Bauteppich spielen möchte. Beide gehen daraufhin zu Sabine. Die ist zunächst erstaunt darüber, dass Max und Kirsten mit ihr reden wollen …

„Für mich war diese Situation eine richtige Herausforderung", berichtet Kirsten in der nächsten Dienstbesprechung. „Ich weiß nicht, wie ich an Sabines Stelle reagiert hätte. Ich habe auf dem Weg zu ihr ganz schön überlegen müssen, wie ich Max' Anliegen formulieren könnte. Hinterher war ich erleichtert über unsere Vereinbarung, dass Max jetzt immer sagt, wozu er Lust hat, wenn er in die Nachmittagsgruppe kommt – und

Ebenen von Beschwerden

Ermöglichungsbeschwerden von Kindern können sich im Kita-Alltag auf ganz unterschiedliche Bereiche beziehen:

- Beschwerden über das Verhalten von anderen Kindern/Kindergruppen:
  „Der Lasse ärgert uns immer!"
  „Die Vormittagskinder lassen das Spielzeug immer draußen liegen und wir müssen dann ganz viel einräumen!"
- Beschwerden über das Verhalten von Erwachsenen (Fachkräfte/Eltern):
  „Das ist voll unfair, dass du gesagt hast, dass wir aus dem Toberaum raus müssen!"
  „Mama hat heute gar nicht richtig Tschüss gesagt!"
- Beschwerden über das Materialangebot:
  „Bei den Stiften ist schon wieder das rosa Glitzer alle, davon gibt es nie genug!"
  „Nie krieg ich ein Fahrzeug, wenn wir draußen sind!"
- Beschwerden über Kita-Strukturen:
  „Wir wollen aber jetzt keinen Stuhlkreis machen!"
  „Warum kann ich heute nicht in der blauen Gruppe mitspielen?"
- Beschwerden über die Raumgestaltung:
  „Auf dem Bauteppich ist viel zu wenig Platz!"
  „Ich will auch mal das Fenster anmalen!"
- Beschwerden über Kita-Regeln:
  „Die Erbsen sind voll eklig, die will ich nicht probieren!"
  „Warum dürfen nur vier ins Bällebad? Wir toben doch gar nicht!"

dann versuchen Sabine und er einen Weg zu finden, das zu ermöglichen. Am nächsten Tag haben Max und ich dann noch einmal darüber gesprochen. Er war auch richtig erleichtert, dass wir gemeinsam eine Lösung gefunden haben."

5. Beschwerdeverfahren und Kinderschutz

Schutz vor Übergriffen kann nur da wirksam werden, wo Kinder die Verletzung ihrer persönlichen Grenzen als Alarmsignale wahrnehmen und dieses Verhalten als „nicht in Ordnung" einschätzen können. Dafür brauchen sie die Erfahrung, dass ihre Grenzen von anderen geachtet werden. Nur so können sie ein Gefühl für die eigenen Grenzen und deren Berechtigung entwickeln. Ein Kind, das ein sicheres Gefühl für die eigene persönliche Grenze hat, kann diese auch nach außen deutlich machen und läuft damit weniger Gefahr, Opfer von Übergriffen zu werden. Der Umgang mit Grenzen – den eigenen und denen anderer – ist damit eine pädagogische Schlüsselthematik für Fachkräfte und Eltern. Schon ganz kleine Kinder beobachten sehr genau, ob Erwachsene ihr Verhalten und ihre Äußerungen ernst nehmen und entsprechend darauf reagieren oder sie im Alltag eher übergehen. Akzeptieren Erwachsene beispielsweise das „Nein" eines Kindes beim Essen oder im Bereich körperlicher Nähe? Zeigen sie Respekt vor dessen Individualität?
Nur wenn ein Kind erfährt, dass eine Grenzsetzung (egal, wem gegenüber) grundsätzlich in Ordnung ist und als berechtigtes Bedürfnis anerkannt wird, kann es lernen, sich abzugrenzen. Übergriffe führen dann dazu, dass das Kind die erlebte Grenzverletzung deutlich macht und sich, in welcher Form auch immer, beschwert. Aktiver Kinderschutz beginnt also nicht mit der Aufforderung „Wehr dich!", sondern mit der Ermächtigung des Kindes, seine Grenzen zu setzen, mit der Erlaubnis, Nein zu sagen – auch Bezugspersonen gegenüber. Erst in einem zweiten Schritt können die Kinder dann lernen, sich aktiv zu beschweren, indem sie Grenzverletzungen benennen.
Ein Beschwerdeverfahren unterstützt die Überzeugung der Kinder, wichtig zu sein, geachtet und ernst genommen zu werden ebenso wie ihre Bereitschaft, sich einzubringen und die Initiative zu ergreifen. Kinder und Erwachsene machen sich gemeinsam auf den Weg, an diesem mitunter schwierigen Thema zu wachsen. Dabei haben die Kinder (und auch die Erwachsenen) die Möglichkeit, ihre sozialen und emotionalen Kompetenzen zu erweitern.

Grenzverletzungen durch Fachkräfte

„Du hast allen gesagt, dass ich das nicht kann! Das ist voll gemein!", „Du sollst nicht gucken!", „Du hast nur mich angeschrien, das ist ungerecht!" Auch wenn pädagogische Fachkräfte dies nicht beabsichtigen, kann es im Kita-Alltag zu grenzverletzendem Verhalten durch sie kommen. Was dabei als Grenzverletzung erlebt wird, ist immer vom subjektiven Empfinden des betroffenen Kindes abhängig. So kann eine unbedachte bewertende Bemerkung einer Fachkraft von einem Kind z. B. als Beschämung und Grenzverletzung wahrgenommen werden. Deshalb müssen Fachkräfte im Kontakt mit den Kindern besonders feinfühlig und achtsam sein, einen gewaltfreien und wertschätzenden Umgang pflegen – was natürlich auch die Sprache mit einschließt (vgl. Kapitel IV.1 zur „Gewaltfreien Kommunikation") – und den Kindern den nötigen Freiraum zur persönlichen Entfaltung bieten.

Eine entscheidende Voraussetzung, um präventiv mit Grenzverletzungen, Übergriffen und auch mit strafrechtlich relevanten Formen von Gewalt (s. Kasten) umzugehen, ist die Enttabuisierung dieser Thematik. Dazu gehört die Bereitschaft aller Teammitglieder, sich mit eigenen (schmerzlichen) Erfahrungen und der eigenen Haltung auseinanderzusetzen, sowie das Grundverständnis, dass es Aufgabe aller Fachkräfte ist, zur Verhinderung von Grenzverletzungen beizutragen – in Bezug auf das eigene Verhalten und auch das der Kolleginnen. Dies bedeutet unter anderem, sich im Rahmen von Teamsitzungen mit der Frage „Was ist in unserer Einrichtung im Umgang mit den Kindern in Ordnung und was nicht?" auseinanderzusetzen, klare, für alle Mitarbeitenden transparente Grenzen zu definieren und diese immer wieder zu hinterfragen. Supervision oder Coaching kann diesen Prozess unterstützen.

Nur wenn die Fachkräfte ihre Arbeit in Bezug auf Grenzverletzungen reflektieren und bereit sind, eigene Verhaltensweisen kritisch zu beleuchten, sind sie in der Lage, achtsam auf Verhaltensweisen der Kinder zu reagieren, die auf Grenzverletzungen hinweisen. Darüber hinaus ist die emotionale Unabhängigkeit der Fachkräfte eine wichtige Voraussetzung dafür, dass sie den Willen und die Entscheidungen von Kindern respektieren können, ohne sie für ihre Bedürfnisse z. B. nach Nähe, Anerkennung und Fürsorge zu benutzen. Das heißt auch, dass sie ihre eigenen Gefühle und Bedürfnisse ernst nehmen und kommunizieren.

Einander auch kritisches Feedback geben

„Mara hat vorhin noch gesagt, dass sie dir heute Morgen gern etwas erzählt hätte, aber du hast keine Zeit gehabt", teilt eine Erzieherin der anderen in der Abholsituation mit. „Heute Morgen war es echt stressig und ich kann doch auch nicht alles auf einmal machen!", gibt die Kollegin zurück. Am nächsten Morgen spricht sie sie noch einmal an: „Ich hab mich gestern ganz schön angepiekst gefühlt, als du gesagt hast, Mara hätte mir gerne etwas erzählt. Darüber habe ich gestern Nachmittag die ganze Zeit nachdenken müssen. Können wir gemeinsam schauen, dass wir an der Situation morgens etwas ändern?"

Mögliche Formen von Gewalt (nach Enders et al. 2010)

Grenzverletzungen sind alle Handlungen oder Äußerungen, die eine persönliche Grenze, auch unabsichtlich, überschreiten. Ob eine Äußerung als Grenzverletzung empfunden wird, ist auch immer abhängig vom subjektiven Empfinden des Einzelnen. Grenzverletzungen können beschämende Bemerkungen, Zuschreibungen („Du bist immer ...", „Nie kannst du ..."), Herabsetzen u. Ä. sein.

Übergriffe sind im Unterschied zu Grenzverletzungen keine zufälligen oder unabsichtlichen Handlungen bzw. Äußerungen. Sie sind „Ausdruck eines unzureichenden Respekts gegenüber Mädchen und Jungen, grundlegender fachlicher Mängel und/oder einer gezielten Desensibilisierung im Rahmen der Vorbereitung eines sexuellen Missbrauchs."

Strafrechtlich relevante Formen der Gewalt können z. B. Körperverletzung, sexuelle Nötigung oder Missbrauch sein. Diese Formen sind Straftaten und im Rahmen des Strafgesetzbuches (StGB) normiert.

Die Rolle der Leitung

Eine besondere Herausforderung stellen Situationen dar, in denen ein Kind sich bei der Leitung der Einrichtung über das Verhalten einer Erzieherin beschwert. Hier gilt es, wie in anderen Beschwerdesituationen auch, zunächst die Äußerung des Kindes wahrzunehmen und deutlich zu machen, dass das Anliegen aufgenommen wurde. Dabei ist entscheidend, weder in eine Verteidigungs- noch in eine Anklagerolle für bzw. gegen die Kollegin zu kommen. In dieser Situation ist es nicht erforderlich, dem Kind schon eine Lösung zu präsentieren, auch wenn dies häufig der spontane Impuls ist. Im Anschluss an die Beschwerdeaufnahme muss die Leitung weitere Informationen sammeln und je nach Situation (und ggf. mit dem Träger der Einrichtung) über die nächsten Schritte entscheiden. Wenn es sich bei dem Beschwerdeanlass nicht um einen Übergriff oder eine strafrechtlich relevante Form von Gewalt handelt, sondern um eine unabsichtliche Grenzverletzung, geht es zunächst darum, auf der Erwachsenenebene nach Lösungen zu suchen. Dabei darf die pädagogische Fachkraft, deren Verhalten zur Beschwerde führte, weder vorgeführt noch beschämt werden. Hier ist seitens der Leitung besonderes Feingefühl gefordert, um einerseits die Interessen des Kindes/der Kinder im Blick zu behalten und andererseits der Kollegin ohne Gesichtsverlust eine Chance zur Verhaltensänderung zu ermöglichen. In solchen Gesprächen ist es für beide Seiten hilfreich, Beobachtungen möglichst wertfrei und ohne Zuschreibungen zu schildern und erst im Anschluss daran die eigenen Gefühle und Schlussfolgerungen in Form von „Ich-Botschaften" zu äußern.

Was tun im Verdachtsfall?

Wenn im Rahmen von Beschwerden der Verdacht entsteht, dass eine erhebliche Grenzverletzung, ein Übergriff oder eine strafrechtlich relevante Form der Gewalt von Erwachsenen (Fachkräften) Kindern gegenüber geschieht, muss ein eigenes, unabhängiges Verfahren einsetzen. Dieses hat nichts mit dem Beschwerdeverfahren der Kinder zu tun. Hier ist ausschließlich die Ebene der Erwachsenen gefragt. Dabei nimmt die Leitung eine Schlüsselposition ein. Sichere Handlungsleitlinien, klare Abläufe, sensibles Vorgehen und Rollenklarheit sind die Grundlagen zur Aufklärung und Aufarbeitung von Grenzverletzungen und Übergriffen. Die Kinder benötigen dabei Vertrauenspersonen, die einen sicheren Rahmen herstellen und sie begleiten.
Eine entsprechende Interventionskette gilt es im Zuge von Präventionsmaßnahmen zu erarbeiten. In vielen Regionen haben die Träger von Kindertageseinrichtungen inzwischen unabhängige Ombuds- oder Beschwerdestellen eingerichtet. Diese geben Auskunft und informieren über Ansprechpartner, Krisenpläne und Interventionsmöglichkeiten.
Im Rahmen der Auseinandersetzung mit dem Thema Grenzsetzung kann es auch zu Äußerungen der Kinder kommen, die auf Grenzverletzungen, Übergriffe oder strafrechtlich relevante Formen von Gewalt im häuslichen Bereich hinweisen. Diese sind nicht im Rahmen eines Beschwerdeverfahrens der Kita weiter bearbeitbar. Auch in diesen Fällen müssen andere Abläufe (Schutzauftrag bei Kindeswohlgefährdung § 8a SGB VIII) greifen.

II. Dimensionen eines Beschwerdeverfahrens

1. Beschwerden als Chance

Ein Beschwerdeverfahren in der Kita, das die Anliegen der Kinder in den Blick nimmt, greift Unzufriedenheitsäußerungen auf und macht sie zum Aushandlungsprozess zwischen Kindern und Erwachsenen. Grundlage für diesen Prozess ist eine partizipative Haltung der Erwachsenen, die Kindern das verbindliche Recht zugesteht, ihre Meinungen, Anliegen und Beschwerden zu äußern und zu vertreten. Der bewusste Umgang mit Beschwerden geht damit den Weg der Partizipation konsequent weiter. Hier werden nicht nur die Rechte, sondern auch die Unzufriedenheit der Kinder und die dahinterstehenden Bedürfnisse und Anliegen zum Gegenstand von gemeinsamen Prozessen im Kita-Alltag. So lernen die Kinder allmählich, sich verantwortlich für die eigenen Bedürfnisse und Belange einzusetzen. Dies ist ein entscheidender Aspekt des aktiven Kinderschutzes in der Kita.

Für den pädagogischen Alltag heißt das auch, die individuellen Bedürfnisse und Unterschiede von Kindern wahrzunehmen, zu (be-)achten und gemeinsam dafür zu sorgen, dass keine Benachteiligung entsteht. Ein Beschwerdeverfahren zu entwickeln, bedeutet, die Vielfalt der Kinder und Erwachsenen in den Blick zu nehmen, und ist damit auch ein Schritt in Richtung Inklusion.

Die Implementierung eines solchen Beschwerdeverfahrens bewirkt Veränderungen in ganz unterschiedlichen Bereichen. Dabei spielt nicht nur das Ergebnis, nämlich die eigentliche Lösungsfindung, sondern vielmehr der Prozess der Bearbeitung eine entscheidende Rolle. Erstens unterstützt die intensive Auseinandersetzung mit den kindlichen Anliegen und Bedürfnissen die Persönlichkeitsentwicklung jedes einzelnen Kindes, zweitens hat sie Einfluss auf die Fachkraft-Kind-Beziehung sowie auf die Beziehungen der Kinder untereinander und drittens wirkt sich die Umsetzung eines Beschwerdeverfahrens immer auch auf die Strukturen der gesamten Einrichtung aus.

2. Persönlichkeitsentwicklung

Kinder entwickeln in Interaktion mit ihren Bezugspersonen ihre Identität. Sie spiegeln sich in deren Verhalten und Reaktionen auf die eigenen Verhaltensäußerungen. Das, was sie bei ihrem Gegenüber wahrnehmen, bildet die wesentliche Grundlage für ihr Bild von sich selbst. Durch die Interaktion mit den Erwachsenen seiner Umgebung lernt ein Kind auch die Bewertung von Gefühlen und Bedürfnissen sowie den Umgang damit. Der auf diese Weise erlernte Umgang mit den eigenen Gefühlen und denen der anderen beeinflusst die zukünftige Einstellung des Kindes zu sich selbst und zur Welt. Die Reaktionen der Erwachsenen auf die Gefühle und Bedürfnisse des Kindes in den ersten Lebensjahren sind deshalb von großer Bedeutung für seine Persönlichkeitsentwicklung (vgl. Völkel & Viernickel 2009, S. 60).

Die Wahrnehmung der Beschwerde eines Kindes als individuelle Bedürfnisäußerung ist somit ein wichtiges Sig-

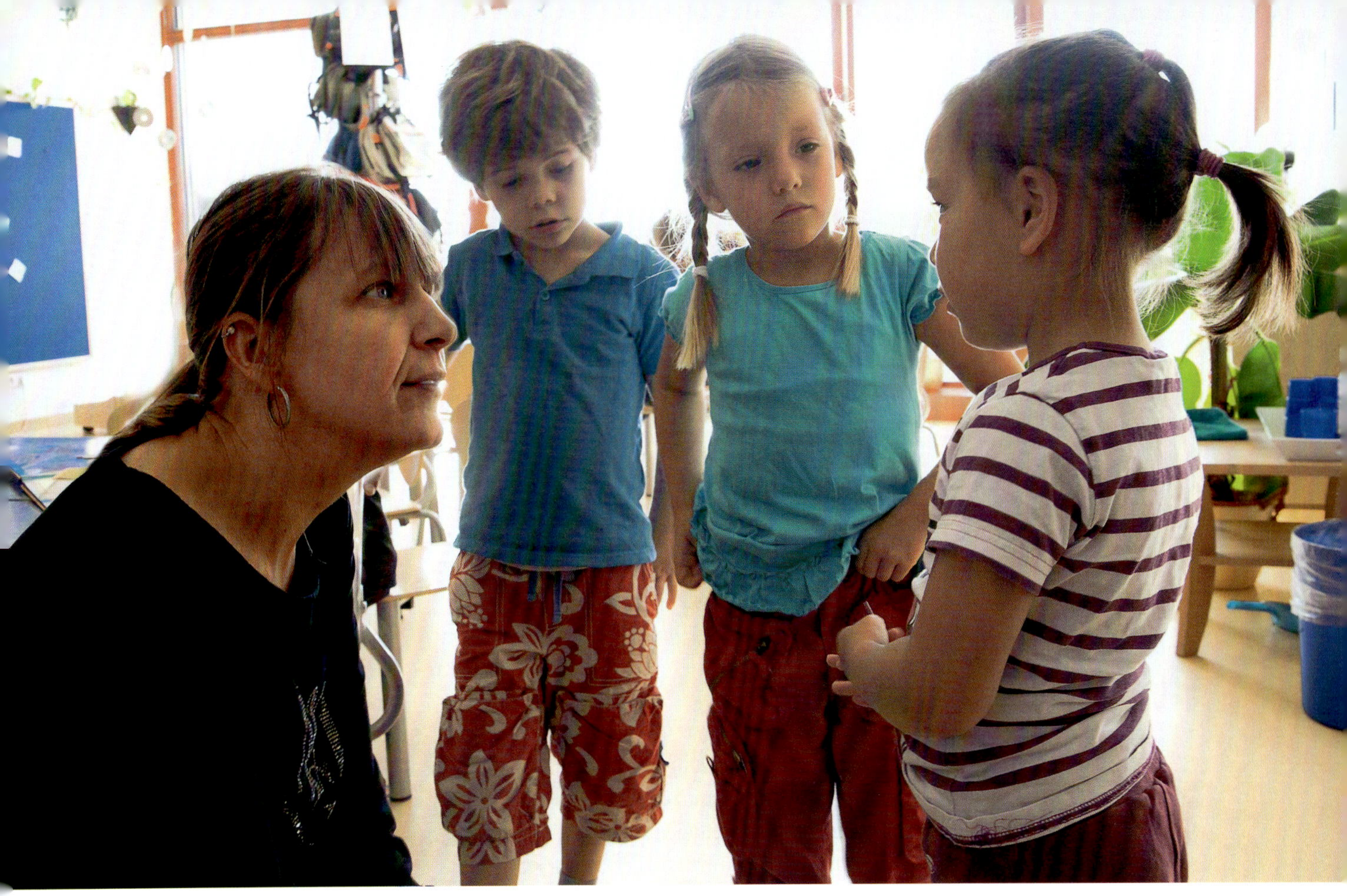

Zuhören, nachfragen, ernst nehmen

nal vonseiten der Erwachsenen an das Kind. Es zeigt ihm: „Du bist wichtig“ und „Ich akzeptiere grundsätzlich deine Bedürfnisse“.

Hanna steht an der Treppe zur Hochebene und sieht traurig aus. Britta Henningsen, die Heilpädagogin der AWO-Kita „Lotte Lemke“, will gerade vorbeigehen, um ein Projekt vorzubereiten. Abrupt bleibt sie stehen: „Irgendwie siehst du traurig aus, Hanna?“ Hanna schaut auf den Boden und fängt an zu weinen. „Darf ich dich mal in den Arm nehmen?“, fragt Britta. Hanna nickt leicht, Britta nimmt sie in den Arm.
Nach einer Weile schaut Hanna hoch. „Magst du sagen, was passiert ist?“, fragt Britta. „Ich will nach Hause“, antwortet Hanna. „Ist es so schön für dich zu Hause?“ – „Ja.“ – „Gerade hast du mit den Mädchen auf der Hochebene gespielt, stimmt das?“ – „Ja, mit den Pferden, und dann hat Vivien gesagt, ich darf nicht mehr mitspielen.“ – „Du solltest auf einmal nicht mehr mitspielen?“ – „Genau, das ist voll ungerecht, ich war da zuerst!“ – „Wolltest du gerne allein auf der Hochebene sein?“ – „Nein, ich wollte mit den Mädchen zusammen sein.“ – „Du bist erst allein nach oben gegangen und dann sind die Mädchen gekommen und wollten gerne mitspielen, das wolltest du auch?“ – „Ja. Und dann wollte Vivien die blauen Pferde in die Ecke stellen.“ – „Und das hat dich geärgert?“ – „Ja, ich war da zuerst und ich bestimme, wo die Pferde hinkommen.“ – „Ihr hattet verschiedene Ideen, wo die Pferde stehen sollen, und du hast gemeint, dass du es bestimmen kannst.“ – „Ja, sie sollen unter den Karton. Der ist der Stall. Es ist kalt draußen und die Pferde frieren in der Ecke. Da ist viel Schnee.“ – „Hat Vivien gewusst, dass es dort so kalt ist?“ – „Nein.“ – „Hast du eine Idee, was du tun könntest?“ Hanna überlegt und sagt dann: „Ich kann Vivien erzählen, dass es kalt ist und die Pferde frieren.“ – „Und wirst du es tun?“ – „Ja!“ Hanna nickt und dreht sich in Richtung Hochebene. „Und wenn Vivien eine andere Idee hat? Was wirst du dann machen?“, fragt Britta noch mal nach. Hanna überlegt einen Augenblick: „Ich frage sie, ob der Stall dann in die Ecke kann.“ – „Ah, das ist dann eine neue Idee.“ „Ja, genau“, bekräftigt Hanna. „Kann ich noch etwas für dich tun?“, erkundigt sich Britta. „Du sollst hier unten stehen bleiben“, meint Hanna schon fast im Gehen.

Hanna kann ihre „Beschwerde“ zunächst nicht genau formulieren und braucht eine Gesprächspartnerin, die achtsam auf ihre Bedürfnisse eingeht. In einem solchen Dialog geht es darum, genau wahrzunehmen, welche Kritikpunkte bzw. Veränderungswünsche Kinder äußern und diese dann – z. B. wie hier in Form des aktiven Zuhörens – zur Sprache zu bringen.

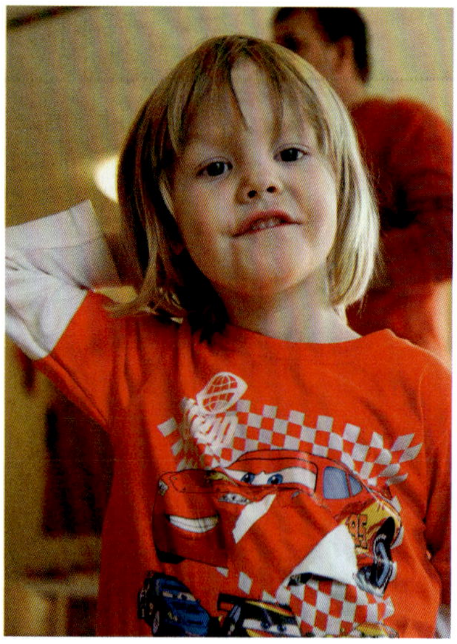

„Meine Meinung zählt!"

Dafür brauchen pädagogische Fachkräfte eine dialogische, fragende Haltung und die Überzeugung, dass jedes Kind etwas Wichtiges zu sagen hat und in der Lage ist, gemeinsam mit anderen eine Lösung zu entwickeln (vgl. Regner & Schubert-Suffrian 2009, S. 34). Die Kinder können so erleben, dass ihre Äußerungen ernst genommen werden, und lernen nach und nach, eigene Bedürfnisse wahrzunehmen und immer deutlicher zu äußern. Dabei geht es nicht um die schnelle Durchsetzung oder Erfüllung von individuellen Wünschen, sondern um ein gemeinsames Aushandeln von Lösungen unter Kindern sowie zwischen Kindern und Erwachsenen (vgl. Regner & Schubert-Suffrian 2011, S. 79 ff.). Dabei sind die Bedürfnisse des Einzelnen nicht verhandelbar. Nur wer weiß, was er braucht, hat auch die Chance, es zu bekommen.
„Manchmal können die Kinder gar nicht äußern, was ihre Beschwerde ist. Ich höre dann häufiger den Satz ‚Ich will nach Hause' oder ‚Mir ist langweilig'. Wir mussten das erst miteinander üben, um herauszufinden, was der Kritikpunkt ist. Ich habe dabei immer wieder versucht, durch Nachfragen an die Wünsche und Bedürfnisse der Kinder zu kommen. Durch meine Fragen nach ihren Gefühlen haben die Kinder nach und nach ihre Sprachfähigkeit in diesem Bereich ausgebaut. Das ist eine gute Grundlage für die Kinder, auch später Beschwerden äußern zu können. Seitdem wir angefangen haben, das so zu sehen, ist es für uns viel einfacher geworden, mit den Beschwerden von Kindern – und auch denen von Erwachsenen – umzugehen", so Britta Henningsen.

Entwicklung personaler Kompetenzen

Wenn Kinder im Kita-Alltag die Möglichkeit haben, sich einzubringen, und ihnen achtsame, interessierte pädagogische Fachkräfte begegnen, können sie personale Kompetenzen entwickeln, die sie ein Leben lang stärken. Gerade in der Auseinandersetzung mit den Beschwerden und Anliegen der Kinder ergeben sich vielfältige Möglichkeiten, personale Kompetenzen wie z. B. Selbstwahrnehmung, Selbststeuerung und Selbstwirksamkeit zu entwickeln. Diese Fähigkeiten sind Richtziele der Elementarpädagogik und Grundlage für die emotionale Gesundheit der Kinder.
Hanna gelingt mit Unterstützung seitens der pädagogischen Fachkraft die Wahrnehmung der eigenen Emotionen, Gedanken und Bedürfnisse. Dies ist auch in anderen Beschwerdeprozessen ein wesentlicher Aspekt. Die Kinder lernen im Prozess, sich und andere besser einzuschätzen, und reflektieren (mithilfe der Erwachsenen) ihre Gefühle, Wünsche und Bedürfnisse. Auch Selbststeuerungskompetenzen wie die Fähigkeit, die eigenen Gefühle selbstständig zu regulieren, werden in der bewussten Auseinandersetzung mit den eigenen Anliegen unterstützt. Hanna entwickelt im Dialog eine Strategie, die sie aus ihrer Traurigkeit und Hilflosigkeit führt. Im Umgang mit Beschwerden können die Kinder vielfältige Bewältigungsstrategien entwickeln und Handlungsalternativen erproben. Hanna kann sich im Prozess als kompetent und selbstwirksam wahrnehmen. Sie ist nach anfänglicher Traurigkeit davon überzeugt, dass sie ihr Vorhaben erfolgreich ausführen kann. Sie glaubt an ihre Möglichkeiten und geht die für sie schwierige Situation aktiv an.
Diese Kompetenzen befähigen Kinder, schwierige Lebenssituationen eher als Herausforderung denn als unüberwindbare Hürde oder Belastung zu erleben. Fehler, widrige Umstände und Hindernisse können so eher als bewältigbar gesehen und angegangen werden.

Beschwerden und Selbstbildungsprozesse

Die Ursachen von Beschwerden sind für Kinder bedeutsam und somit der „Stoff", aus dem hoch motivierte und nachhaltige Bildungsprozesse entstehen. Gerade über emotionale Anlässe wie Situationen, in denen Kinder ihre Anliegen nicht erfüllt sehen und sich auf den Weg zur Befriedigung ihrer Bedürfnisse machen, erwerben sie Kompetenzen.

„Der Tee schmeckt nicht!", so die einhellige Meinung der fünf Mädchen und Jungen, die sich an einem Tisch im Kindercafé zum Frühstücken getroffen haben. Die Kinder überlegen beim gemeinsamen Essen, welche „Tee-Erfahrungen" sie bisher gemacht haben und was sie jetzt unternehmen könnten. Nach längerem Hin und Her macht Paula einen Vorschlag: „Wir fragen einfach die anderen, ob sie den Tee auch doof finden." Dieser Vorschlag wird begeistert aufgenommen. Petra, die pädagogische Fachkraft, die an diesem Tag das Frühstück begleitet, wird daraufhin gefragt, wie sie die anderen Kinder nach ihrer Meinung fragen könnten. „Und weißt du, Petra, nicht nur so einfach fragen. Wir wollen dann auch sehen, ob viele Kinder den Tee doof finden." Zusammen mit Petra überlegen sie, welcher Weg praktikabel sein könnte. Schließlich beschließen die Kinder, dass am nächsten Tag zwei Sandeimer im Kindercafé aufgestellt werden sollten. „Einer mit Lachgesicht und einer mit so einem", beschreibt Mika und zieht dabei die Mundwinkel nach unten. „Und alle, die den Tee toll finden, tun ihren Stein in den Eimer mit dem Lachgesicht und die anderen in den anderen Eimer." Nachdem die Abstimmung ergeben hat, dass eine Mehrheit der Kinder den bisher angebotenen Tee nicht mag, überlegen die Kinder der Ursprungsgruppe, wie sie zu neuen Teesorten, Probiermöglichkeiten und einer anschließenden Meinungsabfrage bei allen Kindern kommen könnten. Dabei entwickeln sie unterschiedliche Ideen und verwerfen die aus ihrer Sicht nicht durchführbaren Vorschläge. Im weiteren Vorgehen führen sie Telefonate, zählen Stimmen aus, stellen Prozesse zeichnerisch dar und entwickeln Abläufe. Diese hoch engagierten und nachhaltigen Bildungsprozesse vollziehen sich aus einer eigenen (intrinsischen) Motivation der Kinder heraus – während des ganz alltäglichen Miteinanders in der Kita. Zum Ende des Prozesses findet in der Kita eine von den Kindern initiierte und organisierte Teeverkostung statt, bei der eine Fülle von Tees zum Probieren und Aussuchen für alle Kinder zur Verfügung steht.

3. Beziehung Kind – pädagogische Fachkraft

Kinder zeigen mit den ihnen zur Verfügung stehenden Mitteln die Bedürfnisse, die sie sich allein nicht erfüllen können. Ein Kleinkind streckt beispielsweise seine Arme in Richtung Mutter oder Vater aus. Es signalisiert so sein Bedürfnis nach Nähe oder danach, auf den Arm genommen zu werden.
Auch die Bedürfnisse nach Nahrung, Schlaf oder einer trockenen Windel werden vonseiten der kleinen Kinder deutlich signalisiert. Werden diese Bedürfnisse – aus welchen Gründen auch immer – nicht erfüllt, reagieren sie meist mit stärkeren Signalen wie z. B. Weinen oder Schreien. Diese Form des Protests ist eine erste Form der Beschwerde. Sie signalisiert: „Ich brauche etwas" bzw. „Das Verhalten der Bezugsperson hilft mir nicht, mein Bedürfnis zu erfüllen".
Die Bindungsforschung, u. a. von Mary Ainsworth, macht deutlich, dass Kinder in vielen Fällen erhebliche Auffälligkeiten zeigen, wenn ihre Bedürfnisse dauerhaft nicht gehört werden. Laut Ainsworth ist die Fähigkeit von Bezugspersonen, prompt und angemessen auf die Signale eines Kindes zu reagieren, die Grundlage für eine sichere Bindung und damit für eine bestmögliche Entwicklung des Kindes. Ihre Forschungen haben gezeigt, dass Kinder, deren Bezugspersonen achtsam und feinfühlig auf ihre Signale eingehen, deutlich weniger Verhaltensauffälligkeiten zeigen als Kinder, denen ein weniger einfühlsames Verhalten entgegengebracht wird (vgl. Oerter & Montada 2008, S. 213 ff.).

Eine vertrauensvolle Beziehung ermöglicht das Äußern von Beschwerden

Bei älteren Kindern ist die unmittelbare Erfüllung eines Bedürfnisses nicht mehr in jedem Fall notwendig. Sie haben meist eine höhere Fähigkeit zur Selbstregulation und können die Bedürfnisbefriedigung bereits für eine Weile aufschieben. Darüber hinaus können sie das Verhalten der Erwachsenen ihrer Umgebung mit zunehmendem Alter immer besser einschätzen. Sie wissen daher auch, welches Verhalten erwünscht ist und welches nicht. Das hat manchmal zur Folge, dass Kinder ihre Bedürfnisse nicht mehr direkt signalisieren, sondern sie eher „verpacken". Aufgabe der Erwachsenen ist es dann, durch aktives Zuhören, Nachfragen und empathisches Verhalten gemeinsam mit dem Kind das jeweilige Bedürfnis „herauszuarbeiten".

Die wesentliche Voraussetzung dafür, dass Kinder Beschwerden und empfundene Grenzverletzungen äußern, ist, dass sie den Erwachsenen Vertrauen entgegenbringen. Das bedeutet, dass ein Beschwerdeverfahren immer an die Beziehung der Kinder und Erwachsenen gekoppelt ist. Ein noch so effektives Verfahren kann von den Kindern ungenutzt bleiben, wenn die Beziehungsebene nicht stimmt. In den von uns begleiteten Kitas haben die Fachkräfte aber auch beschrieben, dass sich ihre Beziehung zu den Kindern im Verlauf des Prozesses verändert hat. Eine tragfähige Beziehung ist also nicht nur Grundlage, sondern auch Ergebnis der gemeinsamen Auseinandersetzung mit den Beschwerden der Kinder. Eine Kollegin brachte dies so zum Ausdruck: „Ich schaue jetzt ganz anders auf einige Kinder. Durch das gemeinsame Forschen nach den Bedürfnissen bin ich viel näher dran. Es ist ein tolles Gefühl, wenn wir zusammen ein Problem gelöst haben. Und ich finde, das ist so ein richtiges Zusammenspiel. Die Kinder strahlen dann auch und sind mächtig stolz, genau wie wir."

Die Auseinandersetzung mit den eigenen Bedürfnissen und denen anderer hat auch immer Auswirkungen auf die sozialen Kompetenzen der Kinder. Im Prozess der Implementierung des Verfahrens lässt sich beobachten, dass die Kinder immer wieder einen Perspektivwechsel vollziehen. Sie lernen einzuschätzen, wie sich das Gegenüber fühlen könnte, welche Sichtweisen und Anliegen er/sie vertritt. Auch Problemlösungs- und Aushandlungskompetenzen können im Umgang mit Beschwerden weiterentwickelt werden. Es geht immer darum, Lösungen und Strategien zu entwickeln oder Kompromisse auszuhandeln.

Der Umgang mit Beschwerden fördert …

… die bewusste Wahrnehmung der eigenen Bedürfnisse

… die Fähigkeit, sich in eine andere Person hineinzuversetzen

… das Zutrauen, schwierige Situationen bewältigen zu können

… die Fähigkeit, gemeinsam Lösungen zu finden und sich bei anderen Unterstützung und Hilfe zu holen

4. Qualitäts- und Strukturaspekte

Die bewusste Wahrnehmung der Beschwerden der Kinder seitens der pädagogischen Fachkräfte hat in den von uns begleiteten Einrichtungen immer auch zur Hinterfragung von Regeln, Abläufen und bisherigen Vorgehensweisen geführt. Die Fachkräfte konnten dabei die Kita als eine sich stetig verändernde Organisation verstehen, die ihre Strukturen an den Bedürfnissen der Kinder immer wieder neu ausrichtet. Das heißt nicht, auf den Wunsch der Kinder hin immer wieder alles Bisherige über den Haufen zu werfen, sondern den Alltag mithilfe der Beschwerden der Kinder auf den Prüfstand zu stellen und sich bewusst für oder gegen eine Veränderung zu entscheiden. Grundlage dafür ist die Dokumentation und anschließende Auswertung von Beschwerdeprozessen im Hinblick auf:

- einzelne Beschwerdeinhalte und deren Häufigkeit
- Schwerpunktbereiche (z. B. Essen), über die sich die Kinder vermehrt beschweren
- eingeleitete Veränderungsmaßnahmen

Die gemeinsame Auseinandersetzung mit den Beschwerden der Kinder führt zur Reflexion im Team und erhöht die fachlichen, kommunikativen und sozialen Kompetenzen aller Beteiligten. Dies fördert in der pädagogischen Arbeit die Orientierung an den Bedürfnissen der Kinder und damit die Unterstützung ihrer individuellen Bildungs- und Entwicklungsprozesse. Im Prozess der Umsetzung von Beschwerdeverfahren thematisieren die Fachkräfte durchgängig ihre pädagogische Haltung und erweitern ihre entwicklungs- und fehlerfreundliche Teamkultur.

III. Ein Beschwerdeverfahren entwickeln

1. Die wichtigsten Schritte

Ein Beschwerdeverfahren in der Kita sollte die Bündelung aller Maßnahmen beinhalten, die dazu führen, dass Beschwerden, aber auch Anliegen und Verbesserungsvorschläge der Kinder aufgenommen, verfolgt, bearbeitet und reflektiert werden. In jeder Kita gibt es bereits eine bestimmte „Kultur", was den Umgang mit den Beschwerden und Anliegen der Kinder betrifft. Darüber hinaus praktiziert jede Fachkraft genau genommen bereits ein eigenes „Beschwerdemanagement", d. h. sie pflegt einen ganz bestimmten Umgang mit den Beschwerden der Kinder. Diesen individuellen Umgang gilt es in den Blick zu nehmen und zum bewussten pädagogischen Handlungsfeld zu machen. Dabei reicht es nicht aus, den Umgang mit den Beschwerden der Kinder konzeptionell festzulegen. Es geht vielmehr darum, einen Teamprozess zu initiieren, der die Beschwerden der Kinder als Entwicklungschance sowohl für die Kinder selbst als auch für die Fachkräfte versteht. Um diesen Prozess zu erleichtern, haben wir in unserer Fortbildungspraxis einen Ablauf mit den folgenden Handlungsschritten entwickelt.

2. Auseinandersetzung im Team

Im Rahmen von Teamsitzungen geht es zunächst darum, sich mit Beschwerden von Kindern grundsätzlich auseinanderzusetzen und eine positive Haltung zu dieser Form der Bedürfnisäußerung zu entwickeln. Eine mögliche Herangehensweise ist die Vergegenwärtigung und/oder Diskussion der grundlegenden Ziele und pädagogischen Werte der Einrichtung. Dabei gilt es zu klären, was die Teammitglieder mit ihrer pädagogischen Arbeit erreichen wollen und welche gemeinsamen Ziele sie verfolgen. Daran schließt sich die Frage an, wie ein für alle verbindlicher Umgang mit den Beschwerden der Kinder aussehen soll, der diesen Zielen entspricht.
Um sich in diesem Prozess zunächst mit der eigenen Haltung auseinanderzusetzen, können die folgenden Fragen hilfreich sein. Diese gliedern sich in verschiedene Themenkomplexe, die unterschiedliche Perspektiven auf das Thema beleuchten, jedoch keinen Anspruch auf Vollständigkeit haben. Sie können sowohl von den einzelnen Fachkräften allein als auch im Gesamtteam zur Reflexion genutzt werden. Es kann sinnvoll sein, die Auseinandersetzung mit den Reflexionsfragen durch eine externe fachliche Moderation begleiten zu lassen. Grundlage dafür muss immer die freiwillige Teilnahme der Teammitglieder am Prozess sein.

1. Reflexionsfragen zur eigenen Geschichte

- Wie wurde in Ihrer Herkunftsfamilie mit den Bedürfnissen der Familienmitglieder umgegangen? Gab es Unterschiede zwischen Kindern und Erwachsenen, Mädchen und Jungen, Geschwistern …?
- Wie wurden in Ihrer Herkunftsfamilie Grenzen vonseiten der Erwachsenen gesetzt? Wie haben die Kinder ihre Grenzen signalisiert?
- Welche Werte wurden in Ihrer Herkunftsfamilie bezogen auf Grenzsetzungen und Beschwerden vermittelt?

Die eigenen Anliegen sichtbar machen

- Wie wurden Konflikte oder Meinungsverschiedenheiten in Ihrer Herkunftsfamilie (unter Kindern, zwischen Kindern und Erwachsenen, unter den Erwachsenen) gelöst?

2. Reflexionsfragen zur eigenen Haltung

- Wie gehen Sie heute mit eigenen Grenzsetzungen um? Worüber beschweren Sie sich, und wie?
- Welche persönlichen Stärken/Schwächen haben Sie im Umgang mit Beschwerden und Grenzsetzungen?
- Wie wirkt es auf Sie, wenn ein Kind Grenzen setzt (allgemein, Ihnen gegenüber)? Gibt es Unterschiede zwischen Mädchen und Jungen?
- Welche Gefühle löst ein Kind aus, das sich bei Ihnen über Ihr Verhalten beschwert?
- Welche Leitsätze würden Sie für sich als „Selbstverpflichtung" den Kindern gegenüber formulieren?

3. Reflexionsfragen zur pädagogischen Arbeit

- Welche Beschwerden und Grenzsetzungen der Kinder haben Sie in der letzten Woche im Kita-Alltag wahrgenommen?
- Wo werden die Bedürfnisse und Wünsche der Kinder zur Grundlage Ihrer pädagogischen Arbeit und wo (bewusst) nicht?
- Wenn Sie im Nachhinein bemerken, dass Sie die Grenze eines Kindes verletzt haben, wie verhalten Sie sich dann?
- Wo sehen Sie Grenzen eines Beschwerdeverfahrens?
- Was soll in Ihrer Kita bezogen auf den Umgang mit den Beschwerden der Kinder so bleiben, wie es ist, da es gut oder praktisch ist?
- Welche Veränderungen in der pädagogischen Arbeit bezogen auf die Beschwerden der Kinder würden Sie gerne einleiten?

4. Reflexionsfragen zum Team

- Wie gehen Sie (im Team) mit persönlichen Grenzen von Teammitgliedern um?
- Wie gehen Sie in Ihrem Team mit Fehlern um? Gibt es Unterschiede im Umgang mit Fehlern von Mitarbeitenden und Leitung?
- Wie gehen Sie in Ihrem Team mit Regelverstößen und/oder Grenzverletzungen von Teammitgliedern um? Werden diese angesprochen und bearbeitet oder eher ignoriert und damit manchmal stillschweigend toleriert?
- Welchen „Raum" gibt es in Ihrem Team, um über schwierige Situationen und die damit verbundenen Gefühle zu sprechen?
- Was würde es Ihnen erleichtern, schwierige Situationen und Gefühle anzusprechen? Was würde es eher erschweren?
- Wie würden Sie reagieren, wenn eine Kollegin ein Verhalten zeigt, das Sie als Grenzverletzung einem Kind gegenüber empfinden?

Im Zuge der Auseinandersetzung mit der Haltung, den pädagogischen Zielen und Werten der einzelnen Fachkräfte und des Gesamtteams werden die Wirkungsziele für ein zukünftiges Beschwerdeverfahren festgelegt. Dieser Prozess bedeutet immer auch eine Auseinandersetzung mit den Rechten der Kinder. Das kann bei den pädagogischen Fachkräften auch Ängste und Verunsicherung auslösen. In den Diskussionen äußern Fachkräfte z. B. die Sorge um Autoritätsverlust oder die Angst, die Situation nicht mehr steuern zu können. Auch Befürchtungen, durch Beschwerderechte der Kinder an den „Pranger" gestellt zu werden, werden beschrieben. Diese Ängste oder Widerstände müssen ernst genommen und Lösungen hierfür erarbeitet werden.
Einige Beschwerden von Kindern (z. B. über andere Kinder) lassen sich aus der professionellen Distanz der Erwachsenen heraus leichter sachlich begleiten. Andere, wie z. B. Beschwerden über das Verhalten von Fachkräften, sind meist mit mehr Emotionen vonseiten der Fachkräfte verbunden. Je näher die Beschwerden uns selbst kommen, umso eher werden Unmutsäußerungen persönlich genommen. Sich auch auf solche Beschwerden der Kinder einzulassen, bedeutet, das eigene Verhalten, eigene Äußerungen und Entscheidungen zur Disposition zu stellen. Das erfordert seitens der Fachkräfte ein hohes Maß an Reflexionsfähigkeit und pädagogisches Selbstbewusstsein.

Beschwerden müssen nicht immer verbal geäußert werden

Beschwerden in den Blick nehmen

In einem nächsten Schritt werden die konkreten Beschwerden der Kinder in den Blick genommen. In der Praxis hat sich das folgende Verfahren als hilfreich erwiesen, um alle pädagogischen Fachkräfte für das Thema zu sensibilisieren:
Jede Fachkraft beobachtet die Kinder einige Tage und notiert sich alle Beschwerden, die sie wahrnimmt. Dabei ist es entscheidend, die Beschwerden nicht in „berechtigte" und „unberechtigte" zu unterteilen, sondern alle wahrgenommenen Beschwerden konsequent aufzunehmen. In einer gemeinsamen Besprechung werden die Beschwerden dann vorgestellt und mithilfe der folgenden Kategorien sortiert:

1. Beschwerden über erlebte Grenzverletzungen/Übergriffe/Gewalt
Verbal geäußert: „Kjell hat mich gehauen", „Natalie hat mir den Buntstift aus der Hand gerissen", „Der will mich immer küssen!" …
Nonverbal geäußert: weglaufen, sich verstecken, schubsen, hauen …

2. Beschwerden über erlebte Einschränkung der Selbstbestimmung/Autonomie
Verbal: „Von der grünen Paprika will ich keinen Probierklecks auf meinem Teller", „Der Abschlusskreis ist doof, da will ich nicht mitmachen", „Ich will keine Regenhose anziehen", „Ich will noch nicht nach Hause!" …
Nonverbal: hauen, wütend gegen etwas treten, nicht mitmachen …

3. Beschwerden über erlebte Ausgrenzung/nicht ermöglichte Zugehörigkeit
Verbal: „Die lassen mich nicht mitspielen", „Ich will in die gelbe Gruppe zu meiner Schwester", „Ich will auch mit auf den Ausflug der Wackelzähne!" …
Nonverbal: weinen, maulen, hauen, andere ärgern …

4. Beschwerden über die Verteilung bzw. den Umgang mit Ressourcen (Raum, Material, Zeit)
Verbal: „Die Glitzerstifte sind immer schon alle", „Die machen die Bücher immer kaputt", „Warum dürfen wir nie in den Matschraum?", „Warum dürfen die anderen viel länger in der Turnhalle sein?" …
Nonverbal: etwas wegnehmen, Material „bunkern" …

5. Beschwerden über negativ erlebte Sinneswahrnehmungen
Verbal: „Neben dem will ich nicht sitzen, der sabbert", „Die Erbsen schme-

cken nicht", „Die Kleine da stinkt" … Nonverbal: Naserümpfen, sich wegdrehen, die Lippen beim Füttern zusammenpressen und den Kopf wegdrehen …

Manche Beschwerden der Kinder lassen sich nur schwer oder erst nach längerer Diskussion und Beleuchten des Kontextes zuordnen. Diese Zuordnung lohnt sich trotzdem. Sie hat den Vorteil, dass zum einen das breite Spektrum von Beschwerden deutlich wird und zum anderen sich der Blick nicht auf den Verursacher der Beschwerde richtet, sondern auf das Anliegen des Kindes. Dies erleichtert den Zugang zu den Bedürfnissen der Kinder, die hinter der jeweiligen Äußerung stecken. Die Beschwerden werden so vonseiten der Fachkräfte nicht so schnell als Angriff verstanden. Dies kann den konstruktiven Umgang mit den Beschwerden der Kinder erleichtern.

Literaturtipp:
Bremische Evangelische Kirche (Hrsg.): Entwicklungswerkstatt Ethikkodex. Eine (Auf-)Forderung zur Einhaltung und Umsetzung der Kinderrechte im Alltag der Kindertageseinrichtung. Bremen 2012.

3. Beschwerderechte klären und Strukturen schaffen

Sich mit Beschwerden auseinanderzusetzen, bedeutet auch, sich im Team mit den (Einfluss-)Rechten von Kindern, Eltern und Mitarbeitenden in der Einrichtung zu befassen.
Zunächst gilt es zu klären, welche Struktur und welches fachliche Vorgehen in der jeweiligen Kita notwendig ist, um die Beschwerden der Kinder aufzunehmen und zum pädagogischen Handlungsfeld zu machen. Hierzu müssen sich die pädagogischen Fachkräfte darauf einigen, welchen verlässlichen „Spielraum" die Kinder haben und welche (Themen-)Bereiche sie für Beschwerden der Kinder öffnen wollen. Eine wesentliche Klärung betrifft dabei die Kriterien, welche Beschwerden weiterbearbeitet werden und welche nicht: Haben die Kinder bei allen Beschwerden, die sie vorbringen, einen Anspruch auf eine (gemeinsame) Lösung? Oder gibt es Bereiche, die von dem Verfahren ausgenommen sind? Welche konkreten Rechte haben die Kinder bei den Bereichen, die bearbeitet werden sollen?
„Beschwerden haben immer eine stark subjektive und emotionale Perspektive. Wenn in einer Einrichtung keine offene Auseinandersetzung über Kriterien stattfindet, obliegt die Deutungsmacht der persönlichen Einschätzung Einzelner. Dann entscheiden in erster Linie die beschwerdeempfangenden Mitarbeiter und Mitarbeiterinnen darüber, ob eine Beschwerde über das Beschwerdeverfahren bearbeitet wird oder nicht. (…) Je breiter das Verständnis von Beschwerden ist, desto eher werden auch „Kleinigkeiten als legitime Beschwerden verstanden. Damit erhöht sich die Wahrscheinlichkeit, dass Kinder (…) sich auch bei ‚großen' Problemen, beispielsweise Grenzverletzungen, mitteilen" (Urban-Stahl 2013, S. 10).
Ohne die Klärung der Beschwerderechte der Kinder kann es also kein für alle Beteiligten verlässliches Beschwerdeverfahren geben.

Konsensverfahren

Entscheidend für die Tragfähigkeit eines Beschwerdeverfahrens ist, dass die Beschwerderechte der Kinder im Team-Konsens beschlossen werden und damit von allen mitgetragen werden können (vgl. Regner & Schubert-Suffrian 2013, S. 63 f.).
Neben den Beschwerderechten der Kinder spielen auch die grundsätzlichen Rahmenbedingungen eine Rolle. Es gilt zu klären, wie und wann sich die Fachkräfte über die Beschwerden der Kinder und deren Bearbeitung austauschen können. Ohne zusätzliche Zeitressourcen für den Austausch im Team und mit den Kindern lässt sich ein tragfähiges Beschwerdeverfahren nicht umsetzen. Auch die Frage, ob bereits Strukturen wie Kinderbesprechungen, Kinder-Gremien o. Ä. – also Erfahrungen mit Partizipation – vorhanden sind, auf die das zukünftige Verfahren aufbauen kann, sollte in den Blick genommen werden.

Beschwerdeablauf

Nach Klärung der Grundfragen geht es darum, im Team erste Strukturen in Richtung Beschwerdeverfahren zu planen und sich hierfür mit folgenden Fragen zu beschäftigen:

- Wie können die Beschwerden der Kinder wahrgenommen werden, auch wenn sie nicht als direkte Beschwerde formuliert werden?
- Wie können Beschwerden aufgenommen werden? Wie, wo, bei wem können sich die Kinder beschweren?
- Wie läuft die Bearbeitung der Beschwerde ab? Wie erfahren die Kinder davon?

Bei der Entwicklung eines Beschwerdeverfahrens sind drei Bausteine von besonderer Bedeutung: Jede Beschwerde eines Kindes muss, um weiter bearbeitet werden zu können, von den Fachkräften erst einmal wahrgenommen werden. Gerade wenn das Thema „Beschwerden und Beschwerdebearbeitung" noch nicht fest im Kita-Alltag verankert ist, brauchen die Kinder Erwachsene, die ihre wie auch immer geäußerten Beschwerden bewusst wahrnehmen und zum Thema machen. Nach der Wahrnehmung einer Beschwerde geht es um das Aufnehmen. Dafür ist oft eine Konkretisierung des Anliegens notwendig. Erst wenn klar ist, worum es dem Kind genau geht, kann eine Bearbeitung der Beschwerde erfolgen.

Beschwerdeablauf

a) Beschwerden bewusst wahrnehmen und annehmen

↓

b) Beschwerden aufnehmen und konkretisieren

↓

c) Beschwerden bearbeiten und Ergebnisse rückmelden

a) Beschwerden bewusst wahrnehmen und annehmen

In der morgendlichen Besprechungsrunde der Regenbogen-Gruppe wird es heute schon nach den ersten fünf Minuten unruhig. Die Kinder, die mit zwei Erzieherinnen im Kreis sitzen, sind nicht bei der Sache, es gibt kleine Streitigkeiten und Nebengespräche. Da gibt das Handy der Erzieherin ein Signal. Daraufhin spricht sie Emmy, das Mädchen, das neben ihr sitzt, an: „Emmy, es ist Zeit zum Inhalieren. Holst du bitte deinen Inhalator?" Emmy läuft los und kommt wenige Augenblicke später mit dem Gerät wieder. Die Kinder beobachten, wie Emmy das Gerät schüttelt, den Hebel bedient und zu inhalieren beginnt. Daraufhin ist es mucksmäuschenstill im Kreis. Dann fangen die Kinder an, Fragen nach dem Grund für das Inhalieren zu stellen und den Nebel zu bestaunen, der ab und an aufsteigt. Alle sind jetzt ganz bei der Sache, es herrscht eine hoch konzentrierte Atmosphäre. Nachdem Emmy das Inhalieren beendet hat, kehrt die Gruppe wieder zu den vorherigen Themen zurück. Nach einigen Minuten wird es wieder unruhig …
„Als meine Kollegin und ich später noch einmal über den Kreis gesprochen haben, ist mir die Stimmung der Kinder vor und nach dem Inhalieren wieder eingefallen. Das war eigentlich auch eine Beschwerde. Die Kinder haben durch ihr Verhalten signalisiert, dass sie das, was wir im Kreis besprochen haben, nicht wirklich interessiert hat", berichtet eine der Erzieherinnen später.

Beschwerden werden von den Kindern in der Kita eher selten eindeutig und direkt geäußert. Deshalb ist es erforderlich, dass pädagogische Fachkräfte die Beschwerde aus dem Verhalten oder aus Formulierungen der Kinder heraushören, sich bei ihnen rückversichern und gemeinsam mit ihnen einen Weg des Umgangs finden. Dabei geht es zunächst nur um ein bewusstes Wahrnehmen der Beschwerde und eine erste Reaktion auf das Signal des Kindes. Diese Reaktion vonseiten der Fachkraft bedeutet nicht, eine Lösung zu präsentieren oder schon in den Prozess der Bearbeitung einzusteigen, sondern nur zu signalisieren „Ich habe wahrgenommen, dass du ein Anliegen hast und dieses Anliegen ist grundsätzlich berechtigt".
Unserer Erfahrung nach sind die Fachkräfte bei Kindern dieser Altersgruppe die entscheidende Beschwerdestelle. Dabei nutzen die Kinder allerdings nicht immer zwangsläufig ihre vertraute Bezugserzieherin, sondern auch Personen, die gerade greifbar sind oder denen eine besondere Kompetenz zugetraut wird: „Wenn die Jungs mich wieder ärgern, dann gehe ich zu Sören. Wenn der was sagt, dann machen das alle, auch die Jungs."

Persönliche Beschwerdeannahme
Verfahren, die ausschließlich auf eine verschriftlichte (meist gezeichnete) Beschwerdeannahme bauen wie z. B. „Meckerkästen", sind im Kitabereich unserer Erfahrung nach wenig sinnvoll. Sie werden zum einen nur von einem Teil der Kinder (meist den älteren Mädchen) genutzt, zum anderen werden damit ausschließlich Anliegen, die von den Kindern bereits als Beschwerde definiert worden sind, erfasst. Alle anderen, zum Teil nonverbal und unbewusst geäußerten, Unmutsbekundungen der Kinder bleiben bei dieser Methode unberücksichtigt. Ein anonymisiertes, „verschriftlichtes" Beschwerdeverfahren, das ohne Personen als Anlaufstelle auskommt, kann in der Regel erst in einem zweiten Schritt eingeführt werden. Zunächst ist ein Verfahren sinnvoll, bei dem die Beschwerden von der Person, bei der sie geäußert werden, aufgenommen und auch weiter begleitet werden.
„Ich nehme eigentlich viele Beschwerden der Kinder wahr. Aber im Alltag habe ich häufig keine Zeit, auf sie zu reagieren. Dann sage ich oft irgend-

Eine Beschwerde annehmen, ohne sofort nach Lösungen zu suchen

was, um das Kind zu trösten. Dabei nehme ich das Kind eigentlich gar nicht ernst. Jetzt beim Nachdenken darüber fällt mir das erst auf", so eine Erzieherin.

Das bewusste Annehmen einer Beschwerde ist im Alltag für die Fachkräfte oft eine Herausforderung. Häufig werden „schnelle Lösungen" gesucht, für ein Sich-Einlassen bleibt in der aktuellen Situation wenig Zeit. Dabei geht es gar nicht darum, immer sofort in die Lösungsfindung einzusteigen. Eine erste Reaktion im Sinne von „Ich habe deine Signale wahrgenommen; im Moment kann ich sie nicht mit dir weiterverfolgen, ich komme aber später darauf zurück" reicht in vielen Fällen schon aus. Zu einem späteren Zeitpunkt, beispielsweise in einer dafür vorgesehenen Runde im Abschlusskreis oder in einer ruhigen Minute allein mit dem Kind, kann die Fachkraft dann wieder an die beobachtete Situation anknüpfen. Dieses Anknüpfen an die (Unmuts-)Äußerungen des Kindes und das anschließende konkrete Aufnehmen der Beschwerde muss seitens der Fachkraft verlässlich gewährleistet sein.

b) Beschwerden aufnehmen und konkretisieren

Beim Aufnehmen einer Beschwerde ist es zunächst notwendig, herauszufinden, worum es dem Kind genau geht und welches Bedürfnis hinter seiner Äußerung steckt. Schlüsselfragen hierzu können z. B. Fragen nach den Gefühlen des Kindes sein: „Bist du traurig (wütend, sauer …)?", „Fühlst du dich nicht wohl?", „Du siehst wütend (traurig, sauer …) aus?" oder auch die nach der konkreten Situation: „Was ist passiert?"

Nach dem „Herausfiltern" des Bedürfnisses, das hinter der Beschwerde steckt, geht es darum, zu klären, ob es sich bei der Äußerung bzw. dem Signal des Kindes um eine Beschwerde handelt oder nicht. Wenn dies der Fall ist, wird im Gespräch die Beschwerde weiter konkretisiert: „Was stört dich daran?", „Was ist dir wichtig?", „Wie muss es sein, damit es für dich okay ist?"

Die Konkretisierung der Beschwerde mithilfe von Schlüsselfragen entscheidet darüber, welcher Beschwerdeweg eingeschlagen werden kann.

„Ist das eine Beschwerde?"

Die Erzieherin Britta sitzt während der Beobachtung eines Kindes auf einem Kindertisch. Nach Beendigung der Beobachtung bleibt sie noch einen Augenblick sitzen, um die Zettel, die sie beschrieben hat, zusammenzupacken. Collin, der gerade den Fachraum betritt, schaut sie an und sagt: „Auf dem Tisch darf man nicht sitzen!" Britta zögert einen kleinen Augenblick, dann lächelt sie ihn an und fragt: „Ist das eine Beschwerde?" Collin ist sichtlich irritiert. Als er nicht antwortet, fragt Britta noch einmal nach: „Stört es dich, wenn ich auf dem Tisch sitze?" Nach kurzem Überlegen antwortet Collin: „Nö, das sagt Mama nur immer."

Bei der Annahme einer Beschwerde entscheidet das Kind darüber, ob das Beschwerdeverfahren einsetzt. Im Praxisbeispiel geht es laut Collin nicht um eine Beschwerde. Die Erzieherin nimmt seine Aussage auf und erfragt die dahinterstehende Absicht bzw. das Bedürfnis des Jungen. Er ist irritiert, da er neu in der Kita ist und das Verfahren noch nicht kennt.

Im Nachbarraum fragt er dann bei Leon noch mal nach: „Warum hat die Britta so komisch nach einer Beschwerde gefragt?" Leon klärt ihn daraufhin über das Verfahren in der Kita auf: „Wenn du so eine Beschwerde hast, dann kannst du das sagen, dann malen wir das auf und so und dann passiert was. Meistens machen wir dann gemeinsam eine Lösung."

c) Beschwerden bearbeiten und Ergebnisse rückmelden

Im Kita-Alltag gibt es bei Beschwerden der Kinder die Möglichkeit, individuelle Wege mit dem einzelnen Kind oder mit Kindergruppen zu suchen.

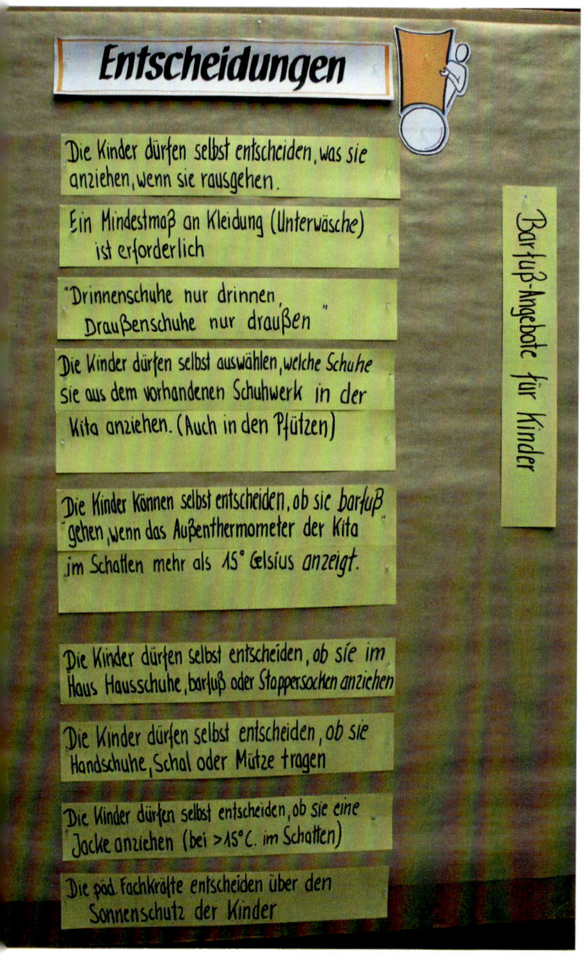

Ergebnisse sichtbar machen

Dafür sind zunächst keine strukturell verankerten Abläufe oder Ablaufpläne notwendig. Wenn aber Beschwerden mehr als nur einige Kinder betreffen oder die Beschwerdebearbeitung grundsätzliche Veränderungen in der Kita erforderlich macht, ist ein strukturiertes Verfahren sinnvoll. Ein solches Verfahren regelt den Beschwerdeablauf von der Aufnahme über die im Team erforderlichen Abstimmungsprozesse bis zur Bearbeitung mit den Kindern. Strukturierte formelle Verfahren haben den Vorteil, dass sie durch ihren klar definierten Ablauf den Fachkräften und den Kindern die Umsetzung des Beschwerdeverfahrens erleichtern und eine Bearbeitung gewährleisten, unabhängig von einzelnen Fachkräften.

„Wir haben bei uns in der Kita einen Ablauf entwickelt, der ist für alle ganz klar. Wenn eine Beschwerde von den Kindern kommt, dann entscheidet die Kollegin, die dabei ist, erstmal, ob sie gleich allein was mit dem Kind regeln kann. Wenn das nicht geht, weil z. B. gemeinsame Regeln von allen betroffen sind, dann wird die Beschwerde von dem Kind an eine ‚Anliegentafel' gemalt, damit wir sie nicht vergessen. In der nächsten Teamsitzung besprechen wir Erwachsenen, wie es weitergehen kann. Dafür gibt es immer einen richtigen Tagesordnungspunkt. Das sagen wir auch den Kindern. Die wissen dann schon, dass sie nach der nächsten Teambesprechung von uns erfahren, wie es weitergeht. Bis die Beschwerde für die Kinder und für uns abgearbeitet ist, hängt sie an der ‚Anliegentafel', und immer, wenn ein Schritt dazukommt, malen wir oder die Kinder ihn mit auf." So oder so ähnlich könnte ein verankertes Beschwerdeverfahren in einer Kita aussehen.

In der Praxis hat sich gezeigt, dass es sinnvoll ist, die Zuständigkeit für die Begleitung des Beschwerde führenden Kindes und des Beschwerdeweges bei der Person anzusiedeln, bei der die Beschwerde geäußert wurde. Eine solche „Kümmererin" ist Ansprechpartnerin für Kinder und Erwachsene und gewährleistet verlässlich die Bearbeitung des Prozesses bis zum Abschluss.

4. Die Kinder beteiligen

Die Adressaten für ein Beschwerdeverfahren sind in erster Linie die Kinder. Um ihnen die Möglichkeit zu geben, ihre Bedürfnisse und Vorstellungen einzubringen, ist es notwendig, sie auch bei der Entwicklung des Verfahrens zu beteiligen. So kann ein bedarfsgerechtes Angebot mit vielfältigen Zugangswegen entstehen. An die oben beschriebenen Strukturen, die zunächst von den Erwachsenen festgelegt und eingeführt wurden, sollte sich also eine Verfahrenserarbeitung mit den Kindern anschließen. Eine gemeinsame Planung und Umsetzung des Beschwerdeverfahrens hat darüber hinaus den Vorteil, dass vielfältige Bildungsanlässe entstehen und die Kinder noch intensiver mit der Thematik und dem Ablauf vertraut werden.

Wichtige Kriterien für ein strukturiertes Beschwerdeverfahren

- **Verbindlichkeit/Verlässlichkeit**
  Es muss sichergestellt sein, dass die von Kindern und Erwachsenen erarbeiteten Lösungen verbindlich im Kita-Alltag umgesetzt werden.
- **Transparenz und Nachvollziehbarkeit**
  Die Prozesse sind für die Kinder nachvollziehbar und transparent zu gestalten.
- **Information**
  Sind Schritte in der Beschwerdebearbeitung seitens der Erwachsenen notwendig (z. B. Teamentscheidungen oder Klären von Rahmenbedingungen), muss gewährleistet sein, dass die Kinder über diese Prozesse informiert werden.
- **Vielfältige Zugangswege**
  Die Zugangswege müssen unterschiedliche Herangehensweisen der Kinder berücksichtigen und ohne die unmittelbare Hilfe von Erwachsenen gangbar sein.
- **Zeitnahe Umsetzung**
  Eine zeitnahe Bearbeitung, Umsetzung und Rückmeldung muss sichergestellt sein.

Um die Kinder an der Umsetzung zu beteiligen, müssen sie zunächst über das Vorhaben informiert werden. Sie brauchen genaue Informationen, um welche Form von Beschwerden es gehen soll (s. Kapitel III.7). Im Anschluss daran können die Kinder grundsätzlich an allen Schritten der Verfahrensentwicklung (der Aufnahme von Beschwerden, der Bearbeitung von Beschwerden, der Rückmeldung und Reflexion des Prozesses) beteiligt werden.
Der erste Aspekt, der mit den Kindern erarbeitet werden kann, ist die Frage, wie die Beschwerden aufgenommen und visualisiert werden können. Dabei kommen in vielen Fällen ganz neue Ideen zur Umsetzung: „Wir machen immer ein Foto. Da ist das, worüber man sich beschwert, drauf!", „Wir haben ein großes Stoppschild gebastelt. Wenn man da hingeht, dann hat man was Wichtiges zu besprechen" waren beispielsweise Ideen der Kinder unterschiedlicher Einrichtungen. Im Hinblick auf die Visualisierung des Prozesses, entwickelten die Kinder eigene Zeichen und Symbole und legten in einer Kita sogar einen eigenen „Zeitstrahl" an, auf dem der Ablauf von gerade aktuellen Beschwerden zeichnerisch dargestellt war (s. Kapitel IV.1c).
Solche Umsetzungsideen entstehen in der Praxis meist anhand eines konkreten „Falls". Der praktische Umgang mit einer Beschwerde und die gemeinsame Suche nach Lösungen erleichtern es den Kindern, eigene Ideen zu entwickeln. In der Kita „Tausendfüßler" des Kinder- und Familiengartens Kaltenkirchen e.V. entwickelten die Kinder z. B. ein Verfahren, um Meinungen zu erfragen und Beschwerden von vielen Kindern sichtbar zu machen.

„Unterschriften" werden gesammelt

„Wir wollen unseren Spielzeugtag wiederhaben!"

Zu dritt ziehen Svenja (5 Jahre) und zwei Mädchen aus ihrer Gruppe los, um in den anderen Gruppen Unterschriften zu sammeln: „Der Spielzeugtag muss bleiben! Und wenn du das auch findest, musst du da unterschreiben." Langsam füllt sich das Plakat der drei mit „Unterschriften" und Daumenabdrücken von Kindern.
Zur Unterschriftensammlung ist es gekommen, weil die Erzieherinnen beschlossen hatten, beim „Spielzeugmitbringtag" eine Pause einzulegen. „In der Diskussion auf Erwachsenenebene wurde der Spielzeugtag infrage gestellt. Wir haben festgestellt, dass es immer mehr Spielzeug wurde und es schon längst nicht mehr darum ging, sein liebstes Spielzeug mitzubringen. ‚Wer hat das tollste, lauteste oder größte Spielzeug?' war zunehmend das Thema", erinnert sich Erzieherin Katrin. Deshalb wurde vonseiten der Erwachsenen eine Pause für die Monate November und Dezember beschlossen, um auch während der Adventszeit zusätzlich ein bisschen Ruhe ins Haus zu bringen.
Diesen Beschluss teilten die Fachkräfte den Kindern mit. In einer Gruppe hatten sich die Kinder und Erzieherinnen schon vorab mit dem Thema „Welches Spielzeug bringen wir mit?" beschäftigt und sich gemeinsam auf zwei Regeln geeinigt: So sollten die Spielzeuge keine lauten Geräusche machen und jedes Kind maximal drei Teile mitbringen. Als die Kinder nun von der Spielzeugtag-Pause erfuhren, reagierten sie entrüstet: „Wir haben doch schon Regeln!", „Das wollen wir nicht, dass es keinen Spielzeugtag mehr gibt!" Um Unterstützung von den anderen Kindern zu bekommen, zogen die drei Mädchen los, um Unterschriften zu sammeln („So, wie

es auch die Großen machen, wenn sie etwas nicht haben wollen"). Das mit „Unterschriften" gefüllte Protest-Plakat wurde dann den Fachkräften übergeben.
Die Fachkräfte setzten sich im Team mit dem Protest der Kinder auseinander und reagierten darauf, indem sie das Thema wieder aufnahmen und gemeinsam mit allen Kindern Regeln zum Umgang mit dem mitgebrachten Spielzeug entwickelten. In diesem Zusammenhang formulierten sowohl die Kinder als auch die Erwachsenen ihre unterschiedlichen Bedürfnisse. Daraus entstanden zwei neue gemeinsame Regeln:
1) Das Spielzeug muss in einen Rucksack oder Beutel passen, damit es nicht herumliegt und man nirgends mehr spielen kann.
2) Es dürfen keine Waffen und Monster mitgebracht werden, die den Kindern Angst machen.

Diese gemeinsam beschlossenen Regeln wurden von den Kindern auf zwei großen Plakatwänden mithilfe von Bildern aus Zeitschriftenkatalogen und von den Kindern selbst erstellten Piktogrammen illustriert und im Flur für alle sichtbar aufgehängt (grünes Plakat: Das darf mitgebracht werden, rotes Plakat: Davor haben wir Angst, das stört uns).
„Dieser Prozess wäre sicherlich nicht so von den Kindern umgesetzt worden, wenn wir uns nicht schon lange mit Partizipationsprozessen und Kinderrechten auseinandergesetzt hätten. Zunächst war es für uns Erzieherinnen aber trotzdem schwer, einen Beschluss, den wir in einer Dienstbesprechung gefasst hatten, zurückzunehmen. Dann sahen wir aber bald den großen Vorteil und waren auch stolz auf unsere selbstbewussten Kinder. Die neuen Regeln gelten nun schon fast zwei Jahre, ohne dass wir immer wieder mit Kindern diskutieren müssen. So haben die Kinder ihr erstes eigenes Beschwerdemanagement in unserer Kita entwickelt, weil wir Erwachsenen es zulassen konnten."

An einem Elternabend über das Vorhaben informieren

5. Zufriedenheit überprüfen

Am Ende eines solchen Prozesses geht es im letzten Schritt darum, die Ergebnis-Zufriedenheit bei den Kindern abzufragen und den Prozess gemeinsam zu reflektieren.
„Im Alltag geraten wir manchmal in alte Fahrwasser; dann sind wir so mit unseren eigenen Anliegen beschäftigt, dass die Anliegen der Kinder ein bisschen hinten runterfallen. Damit das nicht passiert, haben wir uns angewöhnt, uns immer mal wieder bei den Kindern rückzuversichern, ob wir noch auf dem richtigen Weg sind. Das machen wir meistens in unseren Gruppenbesprechungen."
Beschwerdeverfahren, die gemeinsam von Kindern und Erwachsenen entwickelt wurden, haben in der Praxis eine hohe Akzeptanz und Nachhaltigkeit. Mit einer einmaligen Entwicklung sind sie aber nicht „fertig", sondern entwickeln sich im Idealfall stetig in einem dialogischen Prozess weiter.

6. Die Eltern mit ins Boot holen

„Seitdem Sie in der Kita das Thema Grenzen bearbeiten, sagt meine zweijährige Tochter zu Hause bei allem und jedem ‚Stopp!'. Beim Anziehen heißt es ‚Stopp!', wenn ich ihr die falschen Socken anziehen will. Beim Essen kommt ein ‚Stopp!', wenn ihr etwas nicht schmeckt oder sie nicht probieren will. Und so geht das manchmal den ganzen Tag weiter. Ich habe das Gefühl, dass sie mit dem Grenzensetzen richtig herumexperimentiert und herauszufinden versucht, ob ich sie ernst nehme", berichtet eine Mutter aus der Kita „Lotte Lemke" in Halstenbek.
Die Rückmeldung der Mutter macht deutlich, wie sehr die Auseinandersetzung mit den Beschwerden der Kinder deren Verhalten auch im häuslichen Umfeld beeinflussen kann. Umso wichtiger ist es, die Eltern frühzeitig zu informieren und sie bei den einzelnen Umsetzungsschritten mit ins Boot zu holen, da die Kinder durch unter-

schiedliche Sicht- und Vorgehensweisen von Eltern und Fachkräften sonst leicht in Loyalitätskonflikte geraten können. Wenn die Kinder von den pädagogischen Fachkräften animiert werden, Kritik zu äußern und ihre Bedürfnisse zu formulieren, so bedarf dies auch einer Unterstützung und Wertschätzung durch das Elternhaus. Im Beziehungsdreieck von Kindern, Eltern und Fachkräften haben die pädagogischen Fachkräfte den professionellen Part zu erfüllen und damit die Aufgabe, die Eltern mit ins Boot zu holen. Gerade beim Umgang mit Beschwerden ist dies oft eine Herausforderung. Der im Vorfeld durchgeführte Klärungsprozess im Team bildet die Grundlage dafür, den Eltern gegenüber den eigenen Standpunkt sicher darstellen und andere Ansichten akzeptieren zu können.

Frühzeitig informieren

Um verstehen und nachvollziehen zu können, warum die Fachkräfte den Beschwerden und Anliegen der Kinder nachgehen, ist es für die Eltern zunächst wichtig, Informationen über die grundsätzlichen Inhalte und Ziele von Beschwerdeverfahren in der Kita zu bekommen. In den von uns begleiteten Projekten wurden häufig Elternabende vor der eigentlichen Umsetzung mit den Kindern durchgeführt, um die gemeinsame Auseinandersetzung einzuleiten.
Im ersten Teil des Elternabends wurden die Eltern über die Ziele von Beschwerdeverfahren informiert. Hier ging es vor allem darum, deutlich zu machen, dass die Bedürfnisse der Kinder und damit die Unterstützung der Entwicklung jedes einzelnen Kindes Ziel des Prozesses ist. Wirkungsziele wie z. B. die Förderung von Resilienz und Selbstbewusstsein sollten hier ebenso wie die zusätzlichen Möglichkeiten, Kompetenzen zu erwerben (Sozialkompetenzen, lernmethodische Kompetenzen, Sachkompetenzen), im Vordergrund stehen. Wenn für die Eltern deutlich geworden ist, dass es im Umgang mit Beschwerden um weit mehr geht als um das „Nachgeben" den Kindern gegenüber, können die konkreten Inhalte, Schritte und Vorhaben vorgestellt werden. „Das würden wir gerne mit Ihren Kindern umsetzen", war ein Satz, der dann oft das Einholen des Einverständnisses der Eltern einleitete.

Chancen aufzeigen und Bedenken ernst nehmen

Grundsätzlich geht es bei der Beteiligung der Eltern nicht darum, das Beschwerdeverfahren auch in den Familien einzuführen, sondern vielmehr darum, die Chancen eines solchen Umgangs mit den Beschwerden der Kinder aufzuzeigen und eine wechselseitige Akzeptanz der Vorgehensweisen zu erreichen. Für die Kinder ist eine unterschiedliche Handhabung meist kein Problem, wenn sie von einer gegenseitigen Akzeptanz von Fachkräften und Eltern begleitet wird. Entscheidend ist, dass aus den Unterschiedlichkeiten keine Unvereinbarkeiten werden und die Kinder nicht in die „Zwickmühle" zwischen Elternhaus und Kita geraten. Das eigentliche Beschwerdeverfahren wird in der Praxis von den meisten Eltern begrüßt. Strittig sind dagegen manche Beschwerderechte, die den Kindern in der Kita eingeräumt werden – vor allem Beschwerden, die dazu führen, dass die Selbstbestimmungsrechte der Kinder erweitert werden wie z. B. „Ich will keine Jacke anziehen, mir ist nicht kalt!" oder „Ich finde es doof, dass wir immer die Erbsen probieren müssen", stoßen häufiger auf Kritik. Hier gilt es, gemeinsam mit den Eltern tragfähige Lösungen zu erarbeiten und sich beispielsweise mithilfe von ausgehandelten Probephasen (z. B. „Wir probieren es drei Monate aus, dass die Kinder selbst entscheiden, und reflektieren dann gemeinsam mit den Eltern den Prozess") Schritt für Schritt der Erweiterung der Beschwerderechte zu nähern.

Beispiel für eine Einladung zum Elternabend

Liebe Eltern,

in den letzten Wochen haben wir uns im Team (wieder einmal) intensiv mit den Bedürfnissen der Kinder auseinandergesetzt. Um den Anliegen der Kinder näher zu kommen, haben wir (dieses Mal) die „Beschwerden" der Kinder genauer in den Blick genommen. Wir planen in der nächsten Zeit, ein „Kita-Beschwerdeverfahren" gemeinsam mit den Kindern zu erarbeiten. Dadurch sollen die Kinder noch mehr Möglichkeiten bekommen, Beschwerden untereinander deutlich zu machen und auch an uns Erwachsene zu richten. Dabei ist es uns wichtig, dass Ihre Kinder frühzeitig lernen können, anderen Grenzen zu setzen und sich vor Übergriffen schützen zu können.
Um Sie schon jetzt über unsere Ideen und Motive zu informieren und Ihre Ideen und Vorstellungen mit einfließen lassen zu können, möchten wir Sie zu einem Informations- und Austauschabend am … (Datum) um … Uhr einladen.

Wir freuen uns auf Sie!
Ihr Kita-Team

Ein ganz wesentlicher Aspekt ist der Umgang mit den Ängsten und Sorgen der Eltern. Diese können von den Fachkräften nicht wegdiskutiert werden, sondern müssen ernst genommen werden und Grundlage für die Aushandlung von Lösungen sein. Hier kann die Frage an die Eltern „Was brauchen Sie, um mitgehen zu können?" sehr hilfreich sein (s. dazu auch Regner & Schubert-Suffrian 2009, 2013).
Ein häufig genannter Wunsch der Eltern ist die kontinuierliche Information über die Umsetzung in der Kita. Dafür ist es notwendig, Transparenz im Prozess zu gewährleisten und die Eltern mithilfe von Aushängen, Fotos o. Ä. auf dem Laufenden zu halten. Dabei geht es nicht darum, die Beschwerden der Kinder auszuhängen, sondern den Umgang damit zu dokumentieren.
In „Tür- und Angel-Gesprächen" und an einem weiteren Elternabend werden die Erfahrungen aus dem Familien- und dem Kita-Alltag gemeinsam reflektiert und gegebenenfalls neue Lösungen gesucht.

Beschwerdemöglichkeiten für Eltern

In der Diskussion mit Eltern über den Umgang mit Beschwerden stellen diese früher oder später auch die Frage nach einem Beschwerdeverfahren für Eltern: „Unsere Tochter kann sich bei Ihnen beschweren und weiß ganz genau, welche Schritte dann passieren. Wie ist das eigentlich bei uns Eltern? Haben Sie da auch so ein Beschwerdemanagement?" Um den Eltern fachlich souverän begegnen zu können, sollte diese Frage im Vorfeld von Team und Träger geklärt werden.
Ein Beschwerdeverfahren muss letztendlich in einer Kita-Alltagskultur gelebt werden, die alle Personen und Beziehungen mit einbezieht. Um den Kindern die Möglichkeit zu geben, ihre Bedürfnisse zu äußern und gemeinsame Wege der Befriedigung dieser Bedürfnisse zu finden, brauchen auch die Erwachsenen selbst (Fachkräfte und Eltern) die Erfahrung, dass sie mit ihrer Meinung und ihren Bedürfnissen gehört werden, sie bedeutsam sind und Einfluss haben.

Schritte der Elternbeteiligung

1. Eltern über die Ziele eines Beschwerdeverfahrens informieren
2. Eltern über die konkreten Schritte und Vorhaben informieren bzw. ihr Einverständnis einholen
3. Transparenz im Prozess gewährleisten (Eltern mithilfe von Aushängen o. Ä. regelmäßig informieren)
4. Mit Eltern den Prozess reflektieren

7. Mögliche Herangehensweisen

Um sich bei der Erarbeitung eines Beschwerdeverfahrens nicht zu „verzetteln", ist es notwendig, sich im Team auf zunächst einen Ansatzpunkt zu verständigen und diesen konsequent zu verfolgen. Im Folgenden werden vier mögliche Ansatzpunkte beschrieben. Wenn einer dieser Bereiche erfolgreich implementiert wurde, kann ein weiterer hinzukommen. So kann Schritt für Schritt ein umfassendes Beschwerdeverfahren entwickelt werden.

Fokus Verhinderungsbeschwerden

Einige Teams, die wir im Rahmen von Projekten oder Fortbildungen begleitet haben, verständigten sich darauf, den Fokus zunächst auf die Verhinderungsbeschwerden der Kinder zu richten. Verhinderungsbeschwerden haben oft die Verletzung von Grenzen oder von Rechten der Kinder zum Inhalt. Deshalb setzten sich die Teammitglieder in einem ersten Schritt mit dem Thema Grenzverletzungen und Übergriffen auseinander. Dabei ging es auch um die Reflexions- und Feedbackkultur der Mitarbeiterinnen untereinander und um die Frage, wie das Team mit den Beschwerden der Kinder über das Verhalten der Fachkräfte umgehen möchte. Der Einstieg

Übung: Standpunkte beziehen

Diskutieren Sie im Rahmen einer Teamsitzung die folgenden Situationen. Stellen sie aus Ihrer Sicht Grenzverletzungen der Erwachsenen den Kindern gegenüber dar oder eher nicht?

- Viktor sitzt am Frühstückstisch und zieht ein griesgrämiges Gesicht. Eine Erzieherin geht vorbei und sagt: „Na, Viktor, maulst du schon wieder rum wie ein Mädchen? An dir ist echt eine Viktoria verloren gegangen!"
- Eine Erzieherin macht heute Vertretung in der Krippengruppe. Mit Blick auf die eineinhalbjährige Morlin, die gerade an ihr vorbeigeht, sagt sie an ihre Kollegin gerichtet: „Die ist so super süß!" Und dann zu Morlin: „Morlin, komm doch mal her. Ich möchte dich knuddeln!"
- Auf dem Außengelände sind zwei Fachkräfte im Gespräch. Eine der beiden berichtet: „Und als dann Moritz gestern zum x-ten Mal Stunk auf dem Bauteppich gemacht hat, musste ich aus dem Nebenraum heraus richtig laut werden: ‚Hör endlich damit auf, immer die anderen Kinder zu ärgern!' Was anderes kommt bei dem überhaupt nicht mehr an."
- Eine Erzieherin erzählt einer Mutter im Beisein des Kindes: „Ihrem Sohn gefällt zur Zeit kein Angebot. Er nörgelt anfangs immer rum. Wenn er aber mitmachen muss, dann sagt er oft hinterher, dass es ihm doch gefallen hat."

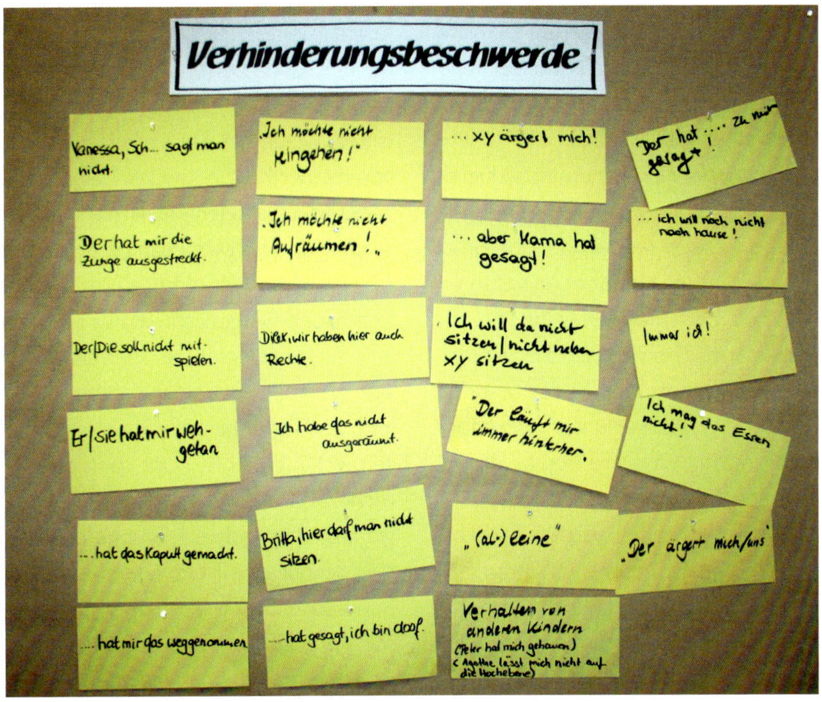

Häufiger Hintergrund: Grenzverletzungen

Beschwerden der Kinder aufnimmt und bearbeitet, schließt sich daran an.

Fokus Befragungen

Die Meinung der Kinder zu bestimmten Themen oder Themenbereichen zu erfragen und damit Kritik und Zufriedenheit auf die Spur zu kommen, kann eine weitere Herangehensweise sein (s. dazu Kapitel IV.2).

Fokus Ermöglichungsbeschwerden

Auch Ermöglichungsbeschwerden können ein guter Ausgangspunkt für die Erarbeitung eines Beschwerdeverfahrens sein. Dabei hat es sich in der Praxis bewährt, die Beschwerden der Kinder im Alltag zu notieren und dann im Rahmen einer Teambesprechung in die Teamdiskussion gelang in der Regel sehr gut über die Übung „Standpunkte beziehen" (s. Kasten).

In einem zweiten Schritt wurden die Beschwerderechte der Kinder ganz konkret festgelegt und eine Selbstverpflichtung der pädagogischen Fachkräfte erarbeitet (s. Beispiele im Kasten). Im Anschluss daran wurden das methodische Vorgehen und der Ablauf geplant. Dabei geht es – wie oben beschrieben – darum, individuelle Vorgehensweisen und strukturierte Abläufe gemeinsam mit den Kindern zu entwickeln.

Fokus Rechtliche Grundlagen

Eine andere Herangehensweise an Beschwerdeverfahren ist die Auseinandersetzung mit den Grundrechten der Kinder. Dafür setzt sich das Team zunächst mit der UN-Kinderrechtskonvention und weiteren relevanten rechtlichen Grundlagen auseinander (s. Kapitel V). Im Anschluss daran werden die Rechte der Kinder konkretisiert und ihr „Spielraum" in einem Teamkonsens festgelegt. Im Rahmen der Umsetzung mit den Kindern können dann einzelne Paragrafen der UN-Kinderrechtskonvention mit den Kindern erarbeitet und visualisiert werden. Dafür können Bilderbücher, die diese Rechte der Kinder in den Blick nehmen, hilfreich sein. Die gemeinsame Entwicklung eines Verfahrens, das die

Literaturtipp:

- Alain Serres / Aurélia Fronty: Ich bin ein Kind und ich habe Rechte. Nord-Süd-Verlag, Zürich 2013.
- Anne Emmert: Wir sind alle frei geboren. Die Allgemeine Erklärung der Menschenrechte in Bildern. Carlsen Verlag, München 2008.

Beispiele für die Selbstverpflichtung von Kita-Teams unterschiedlicher Einrichtungen

- „Die Kinder in unserer Kita werden ausdrücklich ermuntert, sich über jegliche Form von empfundenen Grenzverletzungen, Übergriffen oder Gewalt zu beschweren."
- „Wir verpflichten uns, die wahrgenommenen Beschwerden der Kinder aufzunehmen und das zur Beschwerde führende Verhalten (zunächst) zu stoppen, um anschließend – ggf. mithilfe einer unbeteiligten Kollegin – gemeinsam eine (erste) Lösung zu suchen."
- „Wir als Fachkräfte sorgen dafür, dass die Beschwerdeführer die Gelegenheit zur Zufriedenheits-Rückmeldung haben und der Prozess gemeinsam mit den betroffenen Kindern (zeitversetzt) reflektiert wird."
- „Wir Fachkräfte gewährleisten, wenn unser Verhalten die Ursache einer Beschwerde ist, die Reflexion des Prozesses und die Einhaltung der gemeinsam getroffenen Regeln."

genauer zu betrachten und zu sortieren. Welche Beschwerden äußern die Kinder am häufigsten? Welche Bedürfnisse stecken hinter diesen Beschwerden? Diesen Fragen gilt es, im Team nachzugehen, und dann einen oder zwei Bereiche auszuwählen. Auch in diesem Prozess müssen dann wieder die konkreten Beschwerderechte der Kinder von Erwachsenenseite festgelegt werden. Anschließend können die Kinder an der Entwicklung von Vorgehensweisen beteiligt werden.

8. Beschwerdeverfahren – auch schon für die Jüngsten?

Die Notwendigkeit eines achtsamen, feinfühligen Umgangs mit den Beschwerden der Kinder ist unabhängig von deren Alter. Nur die Methoden und pädagogischen Vorgehensweisen unterscheiden sich. Strukturell verankerte Verfahren mit klar definierten Abläufen, die die Rechte der Kinder in den Vordergrund rücken, eignen sich unserer Erfahrung nach eher für Kindergartenkinder (3–6 Jahre) und Hortkinder (6–10 Jahre).
Jüngere Kinder brauchen individuellere Prozesse und Prozessbegleitung. Im Krippenbereich geht es bei den Beschwerden der Kinder eher selten um Themen, die für alle relevant sind. Hier stehen Themen, die die Selbstbestimmungsrechte der Kinder betreffen, im Vordergrund. Für unter Dreijährige ist es wichtig, dass ihre Beschwerden zeitnah und eng von einer Person begleitet bearbeitet werden. So haben sie die Möglichkeit, in den Umgang mit Beschwerden „hineinzuwachsen" und sich mit zunehmenden Fähigkeiten immer mehr einzubringen.

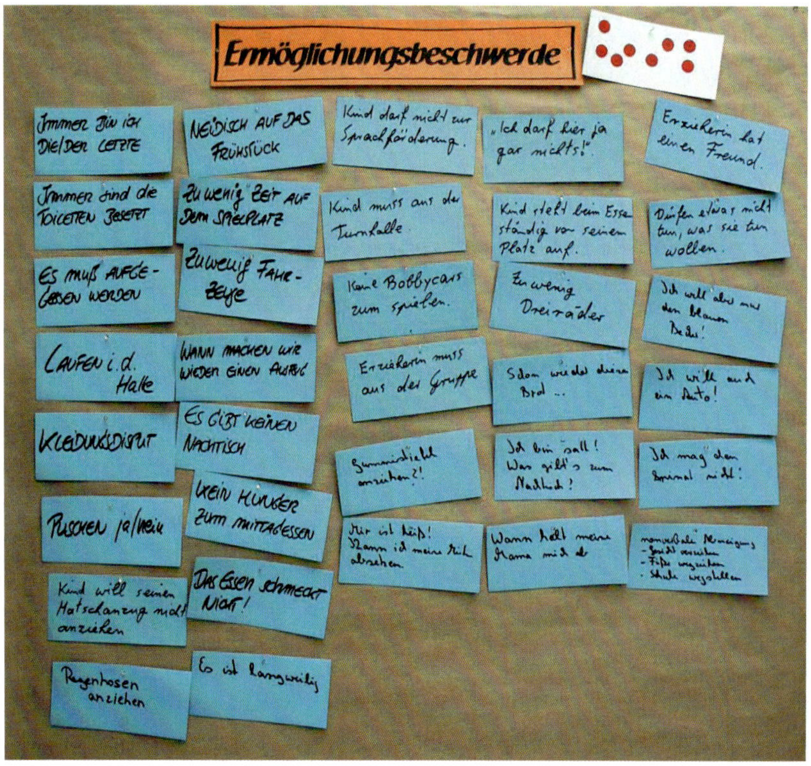

Dahinter steht der Wunsch nach Veränderung

Luca (1,9 Jahre) soll nach dem Mittagessen wie immer mit der Erzieherin Sonja in den Wickelraum gehen, um eine neue Windel zu bekommen. Heute wirft er sich auf den Boden und weigert sich mitzugehen. „Nein! Sanne macht!", fordert er lautstark. Die Erzieherin Susanne berichtet: „Das war für uns eine große Herausforderung. Auf einmal wollte sich Luca nicht mehr von meiner Kollegin wickeln lassen. In anderen Situationen hat er mit ihr gespielt und sich vorlesen lassen, aber beim Wickeln war nichts zu machen. Erst haben wir gedacht, das ist nur so eine Abgrenzungsphase, aber als er sich auch nach gut einer Woche immer noch nicht von ihr wickeln lassen wollte, haben wir uns dann doch mehr Gedanken gemacht. Eine Kollegin aus einer anderen Gruppe meinte, dass sei nur eine Trotzreaktion und Sonja solle Luca trotz Protest einfach mit zum Wickeln nehmen. Dann würde er schon aufhören mit solchen Allüren. Für Sonja und mich war das aber keine Lösung. Wir wollten keine Lösung gegen Luca suchen. Wir haben dann verabredet, dass Sonja mir beim Wickeln zusehen sollte, wenn das in der Gruppensituation möglich war. Beim gemeinsamen Wickeln hat sich dann herausgestellt, dass sich Luca bei mir fast ganz alleine aus- und anzieht, auch die Windel. Bisher hatte das Sonja immer für ihn gemacht. Als Luca sich dann auch bei Sonja selbst die Windel an- und ausziehen durfte, war auch das Verweigern vorbei."

9. Eine fehlerfreundliche Kultur entwickeln

Eine beschwerdefreundliche Einrichtungskultur ist gekennzeichnet durch transparente Abläufe sowie eine wertschätzende und fehlerfreundliche Haltung der Fachkräfte. Gegenseitige Anerkennung und Fehlerfreundlichkeit tragen zu einer offenen Atmosphäre bei, in der Probleme, Beschwerden oder Meinungsverschiedenheiten

angesprochen und bearbeitet werden können.
Wenn sich eine Einrichtung auf den Weg macht, ihre Fehlerkultur zu überdenken, gilt es zunächst zu fragen, wohin die Reise gehen soll: „Was wollen wir mit einer ‚besseren' Fehlerkultur erreichen?" Oder anders gefragt: „Wenn wir eine fehlerfreundliche Kultur in unserer Kita hätten, woran würden wir das merken? Was wäre dann anders als heute?"
Ein Ziel könnte sein, aus Fehlern zu lernen. Das klingt jedoch einfacher, als es in der Realität ist. Denn im Alltag sind häufig nicht nur die gemachten Fehler ein Problem, sondern auch das Vertuschen von Fehlern. Aus Fehlern zu lernen kann nur dann gelingen, wenn (1) Fehler sachlich und ohne „Verursacherfahndung" analysiert werden, dabei (2) Ursachen herausgearbeitet und danach (3) geeignete Maßnahmen eingeleitet werden können. Dieser „Dreiklang" setzt eine Atmosphäre voraus, in der sich die Mitarbeiterinnen weitgehend frei von Ängsten und der Gefahr, Vorwürfe oder Schuldzuweisungen zu erleben, äußern können.
Die Grundfrage im Umgang mit Fehlern ist nicht „Wer war das?", sondern vielmehr „Was können wir tun, damit dieser Fehler in Zukunft vermieden werden kann?". Diese Herangehensweise setzt eine Auseinandersetzung aller Teammitglieder mit ihrer eigenen Haltung zu Fehlern voraus. Gemeinsam gilt es, ein System zu entwickeln, das den einzelnen Mitarbeiterinnen einen konstruktiven Umgang mit Fehlern erleichtert (z. B. wird in einer Kita in jeder Dienstbesprechung der „Fehler der Woche" gekürt). Für diese Auseinandersetzung braucht ein Team Zeit, um gemeinsame Spielregeln zu entwickeln, beharrliches Dranbleiben und eine Leitung, die ohne Sanktionen auf offengelegte Fehler reagiert.

Einmischen erlaubt!

Der dreijährige Luka sitzt allein auf der Garderobenbank vor seinem Gruppenraum. Jedes Mal, wenn jemand vorbeikommt, zieht er sich seine Jacke, die über ihm an der Garderobe hängt, vor das Gesicht. Kerstin, die Erzieherin einer anderen Stammgruppe, geht vorbei und will Luka gerade ansprechen, als die zuständige Kollegin aus dem Gruppenraum kommt, Kerstin sieht und zu ihr sagt: „Der muss erstmal lernen, sich zu benehmen, dann kann er wieder reinkommen."
„Ich musste ganz schön tief durchatmen und meinen ganzen Mut zusammennehmen, um die Kollegin später darauf anzusprechen", berichtet Kerstin. „Aber so hatten wir das ja mit allen Kolleginnen vereinbart …"

Die Auseinandersetzung im Team über die gemeinsam verfolgten pädagogischen Ziele und die Rechte der Kinder ist auch die Grundlage, um Vereinbarungen für eine Kultur des „Sich-Einmischens" unter den Fachkräften zu treffen. Das Verhalten von Kolleginnen zu hinterfragen, ist in vielen Situationen eine große Herausforderung. Um es trotzdem zu tun, brauchen die Fachkräfte die „Erlaubnis" bzw. den Auftrag der Kolleginnen und der Leitung. Im Rahmen von Teambesprechungen können gemeinsam Möglichkeiten erprobt und entwickelt werden, sich gegenseitig respektvoll auf beobachtete Grenzverletzungen hinzuweisen (vgl. dazu auch Kapitel I.5). Darüber hinaus können „Stopp-Signale" unter den Fachkräften vereinbart werden, die zur Entzerrung von schwierigen Situationen genutzt werden können.

Ziel: Beschwerde- und Fehlerfreundlichkeit auf allen Ebenen

Wenn es gelingt, in der Kita eine Kultur der gegenseitigen Verantwortung und des „Sich-Einmischens" zu realisieren – beides wichtige Aspekte von Beschwerde- und Fehlerfreundlichkeit –, hat dies positive Auswirkungen auf die gesamte Zusammenarbeit. Die Reflexion des pädagogischen Handelns und seiner Auswirkungen erreicht damit eine neue Qualität. Zudem nehmen die Fachkräfte so eine Vorbildrolle für die Kinder im Umgang miteinander ein.

Der Kita-Leitung kommt bei der Implementierung eines Beschwerdeverfahrens eine wesentliche Bedeutung zu. Da es sich letztendlich um einen Prozess der Organisationsentwicklung und des Qualitätsmanagements handelt, ist es die Rolle der Leitung, den Prozess zu ermöglichen, zu unterstützen, voranzutreiben und zu begleiten. Den Kolleginnen wird damit signalisiert, dass der Prozess von der Führungsebene gewollt ist. Um ein Beschwerdeverfahren in der Kita umsetzen zu können, ist die „Rückendeckung" durch den Träger unverzichtbar. Der Umgang mit den Beschwerden der Kinder muss auch vom Träger gewollt sein, denn nur wo den Fachkräften Handlungsspielräume und die notwendigen Rahmenbedingungen zugestanden werden, können diese auch an die Kinder weitergegeben werden.

IV. Umsetzungsbausteine und Methoden

1. Wichtige Voraussetzungen

Um Beschwerden von Kindern wahrzunehmen und angemessen bearbeiten zu können, brauchen pädagogische Fachkräfte einen Fundus an Methoden. Dabei geht es immer auch um Partizipation und genaues Hinsehen vonseiten der Fachkräfte.
Im Folgenden werden zunächst wichtige Voraussetzungen für den Umgang mit Beschwerden der Kinder beschrieben, die sich vor allem auf Aspekte einer wertschätzenden Kommunikation beziehen.

a) Dialoge auf Augenhöhe

Die Art und Weise der Kommunikation hat auch in Beschwerdeprozessen eine große Bedeutung. Es geht dabei nicht nur um das gesprochene Wort, sondern auch um Gestik, Mimik und die Fähigkeit des Zuhörens. Erwachsene und Kinder sind zunächst Gesprächspartner mit ungleichen Voraussetzungen. Dies bedeutet in der Praxis, dass die Kommunikation häufig vonseiten der Erwachsenen in Richtung der Kinder geht. Erwachsene formulieren Anweisungen, lenken Gespräche, geben ihr Wissen weiter und vieles mehr. Die „Mittel-Zweck-Interaktion" von Fachkraft zu Kind macht einen erheblichen Teil der Alltagskommunikation aus. Echte Dialoge entstehen aber nur dort, wo es gelingt, eine Gleichwürdigkeit und Ergebnisoffenheit herzustellen (vgl. Förster et al. 2012, S. 59 f.). „Im Dialog geht es nicht darum, das Kind von der eigenen Meinung, den eigenen Gewissheiten oder Sichtweisen zu überzeugen. Hier bringt nicht die eine Seite der anderen etwas bei. Aus der Beteiligung beider Partner heraus entsteht vielmehr etwas Gemeinsam-Neues" (ebd., S. 61).

„Leandro, möchtest du dieses Bild in dein Könnerbuch kleben?", wird Leandro von einer Erzieherin gefragt. Leandro schaut nachdenklich, antwortet aber nicht. „Überlegst du, ob du es dort hineinkleben möchtest?" – „Nein", sagt er entschieden, „das Bild soll da rein, aber ich möchte gar nicht, dass es ‚Könnerbuch' heißt." – „Ah, der Name gefällt dir nicht?" – „Ja genau, es hört sich komisch an." – „Verstehe. Und hast du eine Idee, wie es sonst heißen könnte?" Wieder überlegt Leandro eine Weile. „Ja, ich weiß es. Es soll ‚Leandrobuch' heißen!" – „Und was können wir nun machen?" – „Mit den anderen Kindern besprechen!"
Später erklärt Leandro im Gruppenkreis: „Alle sagen immer ‚Könnerbuch' zu meinem Buch, aber das hört sich so komisch an. Ich möchte, dass es ‚Leandrobuch' heißt." „Und wie darf das Buch von Luca dann heißen?", fragt die Erzieherin nach. „Na, ‚Lucabuch'" sagt Leandro. „Wie wäre das für dich, Luca?" „Toll!", meint Luca mit strahlendem Gesicht. „Leandro, magst du mal für alle Kinder sagen, wie die Bücher dann heißen würden?" Leandro nickt und zählt auf: „‚Hannabuch', ‚Marvinbuch', …"
Als Leandro fertig ist, fragt die Erzieherin ihn, wie es weitergehen soll. „Abstimmen", meint er. Leandro holt die Abstimmsteine und die Kinder entscheiden sich einstimmig für die neuen Namen.

Wenn es darum geht, die Beschwerden und damit die Bedürfnisse der Kinder in den Blick zu nehmen, haben Dialoge eine zentrale Bedeutung. Sie

Unterschiedliche Methoden lassen sich miteinander kombinieren

ermöglichen es, den Anliegen des Gegenübers auf die Spur zu kommen. Die Beteiligten bringen sich dabei mit ihren jeweiligen Erfahrungen, Ansichten und Bedürfnissen ein. Im ergebnisoffenen Dialog können auch gemeinsame Vorgehensweisen ausgehandelt und Prozesse reflektiert werden. So entsteht über den achtsamen Dialog eine erste Form einer Beschwerdekultur. Ein solches feinfühliges Dialogverhalten von Fachkräften ermöglicht es den Kindern, ihre Gedanken und Handlungen auszuweiten. Diese Form der Kommunikation befördert sowohl die Beziehung zwischen den Dialogpartnern als auch die individuellen Aneignungsprozesse von Kindern. Dabei geht es nicht in erster Linie um Techniken der Dialoggestaltung, sondern vielmehr um eine dialogische Haltung der Fachkraft, die sich gemeinsam mit dem Kind auf den Weg

Dialoge mit Kindern gestalten

Versuchen, zu verstehen

„Worum geht es dir?", „Was heißt das für dich?": Versuchen, zu verstehen, bedeutet, sich auf das Kind und seine Perspektive, seinen Blick auf die Welt einzulassen.

Eine fragende Haltung einnehmen

Als Fachkraft eine innere Haltung des „Noch-nicht-Wissens" einnehmen. Es gilt, den eigenen Blick fragend zu erweitern, statt ergebnisorientiert auf ein Ziel hin zu verengen. Annahmen, Bewertungen und Belehrungen werden zurückgehalten.

Erwachsenenwissen zurückhalten

Die Fachkraft tritt nicht als Wissende oder Lenkende auf, sondern geht gemeinsam mit dem Kind auf „Forschungsreise". Die Dialoge sind ergebnisoffen. Eine gemeinsam lernende Haltung einzunehmen steht im Vordergrund.

Aktiv und wertschätzend zuhören

Die Fachkraft lässt sich auf das Kind ein, ist aufmerksam und interessiert an dem, was es mitteilt. Dafür ist es wichtig, dass sie dem Kind größtmögliche Wertschätzung und Akzeptanz signalisiert. Dies kann u. a. durch Blickkontakt, Resonanz auf das Wahrgenommene oder Reaktion auf die Impulse des Kindes geschehen. Dem Kind wird durch diese Form des Zuhörens die Möglichkeit gegeben, die eigenen Gedanken, Gefühle und Bedürfnisse zu ordnen.

des gegenseitigen Verstehens macht. Das bedeutet vonseiten der Fachkraft, dass sie die Initiativen des Kindes wahrnimmt und darauf offen, interessiert und mit der Bereitschaft, verstehen zu wollen, reagiert.

Tipps für die Dialoggestaltung

Diese Form der Kommunikation ist für viele pädagogische Fachkräfte nicht selbstverständlich. Sie muss im Alltag immer wieder bewusst eingesetzt und geübt werden. Um einen eigenen Stil zu entwickeln, können die folgenden Tipps hilfreich sein.

1. Inhalte wiedergeben und ggf. beobachtete Gefühle verbalisieren

Um nicht vorschnell zu glauben, den Sachverhalt verstanden zu haben, kann es hilfreich sein, dem Kind zunächst das Gehörte widerzuspiegeln. „… und dann bist du aus der Puppenecke weggegangen." Erst nach einem „Ja" des Kindes geht es dann weiter. „Mia hat mir die ganzen Sachen aus der Puppenecke weggenommen. Ich wollte aber damit spielen!" – „Mia hat die Sachen aus der Puppenecke weggenommen, mit denen du spielen wolltest." Auch wenn es zunächst ungewöhnlich erscheint, signalisiert dieses Widerspiegeln dem Kind, dass es verstanden wurde. In manchen Situationen kann die Aussage des Kindes auch mit einem Gefühl verknüpft werden. Dies erleichtert es ihm, seine Gefühle wahrzunehmen und zu benennen. „Mia hat die Sachen aus der Puppenecke weggenommen, mit denen du spielen wolltest. Und nun bist du wütend."

2. Vorschnelles Reagieren vermeiden

„Hier ist alles doof. Ich will nach Hause!" Eine schnelle Antwort wie z. B. „Na, alles ist hier doch gar nicht doof. Du hast doch vorhin mit Ben ganz toll gespielt und ihr hattet viel Spaß" gilt es zu vermeiden. Es geht nicht um das Wissen oder die Wahrnehmung des Erwachsenen, sondern darum, die Äußerung des Kindes zu akzeptieren und mit seiner Beschreibung des Ist-Zustands weiterzuarbeiten. Dafür kann es hilfreich sein, die verstandenen Inhalte neutral wiederzugeben und ggf. in einem zweiten Schritt mit einem Gefühl zu verbinden (s. o.): „Du findest im Moment alles doof und möchtest nach Hause." – „Ja." Oft hilft es schon, in einer solchen Situation eine Pause zuzulassen, um dem Kind (und auch dem Erwachsenen) die Möglichkeit zu geben, seine Gedanken zu formulieren. „Hier spielt ja sowieso keiner mit mir." – „Du hast keinen mehr zum Spielen." – „Ja. Vorhin hat Ben die ganze Zeit mit mir gespielt. Dann kam Ahmet und jetzt spielen die." Durch ein gemeinsames langsames Vortasten nähern sich beide Dialogpartner dem Kern der Beschwerde, die dann bearbeitet werden kann. Diese Form des „verlangsamten Dialogs" gibt der Fachkraft darüber hinaus immer wieder die Möglichkeit, über die nächste Äußerung nachzudenken. Ein Verfallen in alte Kommunikationsmuster kann so vermieden werden.

3. Positive Frageformulierungen finden

Positive Formulierungen bei Fragestellungen sorgen leichter für eine lösungsorientierte Sichtweise bei den Beteiligten. „Was hätte anders sein müssen, damit es dir gefallen hätte?" statt „Was hat dir nicht gefallen?", „Was müsste passieren, damit du auch mitmachen kannst?" statt „Warum hast du nicht mitgemacht?", „Wie wäre es denn ganz toll gewesen?" statt „Warum fandest du das Spiel denn doof?". Bei Warum-Fragen klingt für die gefragte Person zudem häufig eine Schuldzuschreibung mit.

b) Gewaltfreie Kommunikation

Die Gewaltfreie Kommunikation nach Marshall B. Rosenberg (vgl. Rosenberg 2007) war in der Grundidee für die Vermittlung zwischen zwei Konfliktparteien gedacht. Diese Methode unterstützt aber auch die Wahrnehmung und Verbalisierung von Gefühlen und Bedürfnissen. Damit eignet sie sich auch, um Kindern das Äußern von Beschwerden zu ermöglichen. Denn die Kinder haben entweder einen Konflikt mit sich selbst oder mit einer anderen Person, den es zu klären gilt (vgl. dazu auch „Konfliktklärung mithilfe von Bildern" in Regner & Schubert-Suffrian 2013, S. 80 ff.).

c) Visualisieren von Prozessen

Um die Beschwerdeaufnahme und -bearbeitung für die Kinder transparent zu gestalten, ist eine Visualisierung des Prozesses erforderlich. Dies bedeutet, eine „Schrift" in Form von gemeinsam definierten Zeichen und eine Protokollstruktur mit den Kindern zu entwickeln (vgl. Regner & Schubert-Suffrian 2009, S. 38 f.). Symbole und Struktur sollen dabei nicht nur die eigentliche Beschwerde visualisieren, sondern auch den weiteren Umgang mit der Beschwerde für die Kinder nachvollziehbar darstellen. So kann den Kindern beispielsweise an einer Pinnwand (Beschwerdewand) die Möglichkeit gegeben werden, ihre

Literaturtipp:

- Charis Förster / Eva Hammes-Di Bernardo & Michael Wünsche (Hrsg.): Dialog gestalten. Kommunikation im pädagogischen Kontext. Verlag das netz, Berlin, Weimar 2012.

Ein von den Kindern gemalter Zeitstrahl zeigt den Beschwerdeprozess

gezeichneten Beschwerden aufzuhängen. Um sichtbar zu machen, wer diese Beschwerde vorgebracht hat, kann das betreffende Kind sein Foto dazuhängen. Die Beschwerden werden zunächst in der Reihenfolge ihres Eingangs gesammelt. Im Rahmen von Gruppenbesprechungen kann dann gemeinsam entschieden werden, welche Beschwerde als nächstes bearbeitet werden soll. Diese Beschwerde wird an einen anderen Platz auf der Pinnwand gehängt. Alle Beschlüsse, die diese Beschwerde betreffen, werden dann wieder mithilfe von Zeichnungen visualisiert. Auf diese Weise haben die Kinder die Möglichkeit, sich kontinuierlich über den Stand des Beschwerdeverfahrens zu informieren. Wenn die Beschwerde bearbeitet wurde, wird die Wand fotografiert, das Foto ausgedruckt, abgeheftet und für die Kinder jederzeit zugänglich aufbewahrt.
Methoden der Visualisierung können auch zum Einsatz kommen, um die Beschwerderechte von Kindern sichtbar zu machen. In der AWO-Kita „Lotte Lemke" in Halstenbek hängen z. B. die von den Kindern gezeichneten Rechte deutlich sichtbar für alle im Eingangsbereich. Auch in anderen Einrichtungen berichten die pädagogischen Fachkräfte, dass die Kinder die einzelnen Beschwerderechte auch nach über einem Jahr noch anhand der Zeichnungen beschreiben können.

2. Methoden zur Aufnahme von Beschwerden

Bei den nachfolgenden Umsetzungsbausteinen geht es nicht darum, ***eine*** bewährte Methode, sondern eine Vielzahl von erprobten Möglichkeiten und Ideen vorzustellen. In der Regel haben die von uns begleiteten Kindertageseinrichtungen unterschiedliche Methoden miteinander kombiniert, um ein jeweils passendes, am besten umsetzbares Beschwerdeverfahren zu entwickeln. Dabei ist es wichtig, dieses gemeinsam entwickelte Verfahren wie auch die Methoden immer wieder zu reflektieren und an die aktuelle Situation anzupassen.
Die hier vorgestellten Methoden sind hilfreich, um die in Kapitel III.3 beschriebene bewusste Aufnahme und Konkretisierung von Beschwerden umzusetzen. Grundsätzlich ist zu beachten, dass die Beschwerden der Kinder möglichst zeitnah bearbeitet werden. Die Festlegung einer bestimmten Beschwerdezeit (z. B. einmal pro Woche) kann dazu führen, dass nur die spontanen oder sehr drängenden Beschwerden besprochen werden. Auch die Festlegung einer „Beschwerdestelle" (eine Person aus dem Team oder die Leitung) hat sich in der Praxis nicht als hilfreich erwiesen. Das Weiterverweisen des Kindes an die Beschwerdestelle kann dazu führen, dass sein Anliegen „unterwegs" verloren geht.

a) Gesprächsrunden

In Gesprächsrunden kann es schwierig werden, wenn die Kinder viele unterschiedliche Beschwerden und Anliegen vorbringen und deren Bearbeitung einfordern. Dann sind klare Strukturen, an denen sich alle Beteiligten orientieren können, hilfreich. Diese Strukturen sollten Regelungen, die die Reihenfolge der Beschwerdebearbeitung festlegen, beinhalten, denn es ist nicht immer sinnvoll, die Beschwerden nach ihrem zeitlichen Eingang abzuarbeiten. Manche Beschwerden haben einen so hohen emotionalen Wert für die Kinder, dass sie sich ggf. auf eine andere Beschwerde gar nicht einlassen können. Gleichzeitig darf bei keinem Kind der Eindruck entstehen, dass seine Beschwerde als unwichtiger angesehen wird als die der anderen. Eine Möglichkeit des Umgangs mit vielen Beschwerden ist, diese zunächst nur zu sammeln, um dann gemeinsam eine Reihenfolge für die Bearbeitung festzulegen. Auch die Visualisierung (s. o.) kann allen helfen, den Überblick nicht zu verlieren.
Die Gesprächsrunden werden zunächst von den Erwachsenen geleitet, mit zunehmender Erfahrung können jedoch auch einzelne Kinder die Moderation der Runde übernehmen. Eine Unterstützung und Begleitung durch die pädagogische Fachkraft ist jedoch unserer Erfahrung nach immer notwendig.

b) Befragungen

Eine Möglichkeit, einen ersten Schritt in Richtung Beschwerdeverfahren zu gehen, ist die Befragung. Hier werden bei den Kindern ganz konkret Meinungen und mögliche Unzufriedenheiten erfragt: „Was hat euch an unserem Ausflug gefallen, was nicht?“, „Was fandet ihr in der letzten Woche am Morgenkreis gut, was war doof?“ Um die Aufmerksamkeit dabei nicht nur auf die negativ bewerteten Aspekte zu richten, ist es sinnvoll, auch nach dem positiv Beurteilten zu fragen. An diese Aspekte kann dann bei einer späteren Lösungsfindung angeknüpft werden.

Meinungsabfragen sind dabei nicht Teil des eigentlichen Umgangs mit Beschwerden, sondern eher als Hinführung zum Thema zu verstehen. Über positives wie negatives Feedback in solchen Gesprächen kann das Äußern von Beschwerden eingeübt und der Einstieg in ein Beschwerdeverfahren erleichtert werden. In der AWO-Kita „Lotte Lemke“ übernahmen die Kinder zu zweit die Rolle der „Meinungsfrager“ mit Klemmbrett, Papier und Stiften. Die Aussagen der befragten Kinder wurden dabei aufgezeichnet und später ausgewertet.

Meinungsabfragen können im Rahmen von Reflexionsrunden stattfinden. Sie können aber auch in visualisierter Form durchgeführt werden, z. B. als ausgehängte Smiley-Liste, die den Kindern die Möglichkeit gibt, das Mittagessen mithilfe von Klebepunkten mit „hat gut, mittel oder nicht geschmeckt“ zu bewerten.

Zeitpunkt und Struktur für Befragungen werden in den meisten Fällen von den Erwachsenen festgelegt. Dabei ist es in der Praxis wichtig, Meinungsabfragen regelmäßig und verlässlich durchzuführen (also z. B. nach jedem Mittagessen, Fest, Ausflug, Morgenkreis, am Ende einer Woche usw.) und die möglichen Beschwerden dann nicht nur zu hören, sondern auch adäquat mit den Kindern zu bearbeiten. So erleben die Kinder, dass ihre Anliegen immer wieder in den Fokus rücken und zu Veränderungen im Kita-Alltag führen.

Die Kinder bringen ihre Anliegen vor

Skalieren

Eine weitere Möglichkeit der Meinungsabfrage ist das Einführen von Skalen. Die einfachste Skala ist eine Aufteilung in zwei Bereiche (gut-schlecht, viel-wenig, draußen-drinnen ...), die immer weiter ausdifferenziert werden kann. Dafür werden z. B. die Endpunkte „supertoll“ und „total doof“ als große Klebepunkte auf dem Fußboden markiert. Jedes Kind versucht nun, sich seiner eigenen Meinung bewusst zu werden und die entsprechende Position als einen wirklichen Standpunkt im Raum zu beziehen. Gemeinsam entsteht ein „Standbild“, das die Einschätzung der Gruppe abbildet. Auch eine Skala auf dem Fußboden von 1 bis 10, auf der sich die Kinder positionieren können, sorgt für eine schnelle Rückmeldung. Bei der Einführung der Methode besteht die Gefahr, dass sich die Kinder zu ihrer Freundin oder ihrem besten Freund stellen und sich nicht entsprechend ihrer eigenen Meinung positionieren. Das passiert unserer Beobachtung nach nicht mehr so häufig, wenn die Kinder mit der Methode vertrauter sind. Dann ist für sie klar, dass es nicht um eine „sozial erwünschte“ Positionierung geht. Spätestens wenn aus den ersten Meinungsabfragen Veränderungen im Kita-Alltag hervorgehen, wird für die Kinder die Bedeutung ihrer persönlichen Meinung greifbar.

Ampelabfrage

Eine andere Art der Skalierung ist die Ampelabfrage mit roten, gelben und grünen Karten. Jedes Kind bekommt diese drei Karten und kann damit zu den Fragen von Erwachsenen oder Kindern Stellung beziehen. Dabei heißt Rot „Es hat mir (auch) nicht gefallen“, Gelb „Ich weiß nicht so genau“ oder „Es ist mir egal“ und Grün „Das fand ich toll“. Mit zunehmendem Einsatz dieser Methode steigt auch das Interesse der Kinder, zu eigenen Fragen eine Rückmeldung von der Gruppe zu bekommen. Das kann auch dazu führen, dass eine Frage der pädagogischen Fachkraft durch eine zweite Frage eines Kindes einen anderen Fokus bekommt.

Die Erzieherin einer Elementargruppe fragte nach einem gemeinsamen Ausflug in den Wildpark mithilfe dieser Methode die Kinder, wie es ihnen gefallen habe. Nachdem alle Kinder eine grüne Karte hochgehalten hatten, womit die Fachkraft auch gerechnet hatte, äußerte sich der fünfjährige Leon: „Wir haben dieses Mal aber kein Eis bekommen." Auch darüber gab es ein Feedback von allen Kindern – dieses Mal aber fast nur mit roten Karten. So hatte die erste Abstimmung der pädagogischen Fachkraft eine Beschwerde hervorgerufen, die ansonsten vielleicht nicht benannt worden wäre. Gleichzeitig wäre dann der undifferenzierte Eindruck entstanden, dass die Kinder vom gesamten Ausflug begeistert gewesen seien.

Interview

Bei einem Interview werden einzelne Themenbereiche anhand von gezielten Fragestellungen, meist in einer Eins-zu-eins-Situation, erfragt. Diese Methode ermöglicht es, über die konkrete Meinungsabfrage hinaus, genauer nachzufragen und die jeweiligen Gründe und Motive zu beleuchten. Interviews können sowohl von den Fachkräften als auch von den Kindern selbst durchgeführt werden. In einer Kita zeichneten die Kinder alle Interview-Fragen auf kleine Karteikarten. Die Antworten wurden dann von den interviewenden Kindern auch auf Karten gezeichnet und später gemeinsam mit den pädagogischen Fachkräften ausgewertet. Die Kinder wollten in diesem Prozess aber nicht nur andere Kinder befragen, sondern bestanden darauf, auch die Fachkräfte zu interviewen. Ebenso können die Eltern von den Kindern befragt werden. Als technische Hilfe können auch Tonaufnahmegeräte (z. B. Diktiergeräte, Handys) oder Filmgeräte (z. B. Kameras, Handys) eingesetzt werden, um die Barriere des Schreibens oder Malens zu umgehen.

c) Motzmauer

Um ein Beschwerdeverfahren einzuführen, gibt es die Möglichkeit, mit den Kindern eine „Motzmauer" zu bauen. Dafür wird aus großformatigem Moderationspapier eine leere Wand erstellt. Auf Papier (DIN A4) können alle Dinge, die die Kinder in der Kita stören, gemalt werden. Die Blätter werden dann als „Ziegelsteine" auf die Wand geklebt. Bei dieser Sammlung kann anschließend mit Klebepunkten abgestimmt werden, welche Dinge am meisten stören. Diese werden dann mit den Kindern bearbeitet. Später kann diese Methode relativ leicht in die „Beschwerdewand" überführt werden.

d) Beschwerdewand

In einigen Einrichtungen werden die Beschwerden der Kinder an einer „Beschwerdewand" aufgenommen und gesammelt. Jedes Kind und jede Fachkraft kann die Beschwerde, die es/sie besprochen haben möchte, zeichnen und an die Pinnwand zusammen mit dem eigenen Foto hängen. Wenn die Aushandlungswege komplizierter sind und längere Prozesse mit anderen Kindern oder Erwachsenen beinhalten (z. B. neue Regeln, die für das gesamte Haus gelten sollen), dann werden auch diese Bearbeitungsprozesse – anders als bei der „Motzmauer" – an der Wand bildlich dargestellt und damit für alle transparent gemacht (s. auch Kap. IV.1c).

3. Methoden zur Bearbeitung von Beschwerden

a) Ideenfinder

Wenn unterschiedliche Beschwerden zur Bearbeitung anstehen, ist es nicht immer notwendig, dass alle Kinder Ideen zur Lösungsfindung sammeln. In einer Kita hatten die Kinder den Einfall, „Ideenfinder" zu benennen.

„Wir haben jetzt noch zwei Beschwerden, die gestern und heute Morgen von einigen Kindern gesagt und aufgemalt wurden. Ole, möchtest du was zu deinem Bild sagen?" – „Ich hab ein Klo gemalt. Ich finde es doof, dass da immer Pipi daneben ist. Das stinkt und alles ist nass." – „Wer mag Ideenfinder für diese Beschwerde sein?" Es melden sich drei Kinder und auch Ole möchte mit Ideen sammeln. „Und dann war da noch das Problem

Ampelabfrage zum aktuellen Mittagessen

Beschwerdehelfer

Gerade wenn das Beschwerdeverfahren noch neu ist, können Beschwerdehelfer für einige Kinder hilfreich sein. Beschwerdehelfer sind Personen (Erwachsene oder Kinder), die die Kinder bei der Äußerung einer Beschwerde begleiten und unterstützen („Ich trau mich nicht alleine, deshalb ist Paul mitgekommen – er sagt dir das jetzt"). In einigen Einrichtungen wurden z. B. zwei Kinder als Beschwerdehelfer von den Mädchen und Jungen gewählt. Diese standen dann für Hilfestellung beim Vorbringen von Beschwerden bereit. In manchen Situationen können Beschwerdehelfer auch wertvolle „Übersetzungsarbeit" leisten. Gerade wenn jüngere Kinder oder Kinder mit Handicap Schwierigkeiten haben, sich auszudrücken, gelingt es ihnen oft besser, sich anderen Kindern gegenüber verständlich zu machen als Erwachsenen gegenüber.
Die Möglichkeit, auch Erwachsene als Beschwerdehelfer um Unterstützung zu bitten, nutzen viele Kinder bereits von sich aus. Meistens ist dies die Fachkraft, die das Kind mit seinem Anliegen als erste anspricht und damit ins Vertrauen zieht. In der Praxis hat sich gezeigt, dass es sinnvoll ist, diese Form der Hilfe im Team zu besprechen und zu klären, wie eine Unterstützung erfolgen kann, ohne dem Kind alles abzunehmen.

mit den Nudeln, die zu wenig waren. Lisa, das hast du aufgemalt. Möchtest du dafür Ideenfinder sein?" Lisa und noch drei weitere Kinder ziehen sich, genau wie die andere Ideenfindergruppe, in eine ruhige Ecke zurück. Im Abschlusskreis werden dann die Ideen der Kinder vorgestellt und die weitere Umsetzung wird geplant. Für das Klo-Problem wollen die Kinder ein großes Schild malen und es im Waschraum aufhängen. Zusätzlich wollen sie morgen in die Abschlusskreise der anderen Gruppen gehen und auch die anderen Kinder bitten, in die Toilette und nicht daneben zu pinkeln. Die Nudelgruppe möchte eine Delegation in die Küche schicken und das Problem mit dem Koch besprechen.

b) Stoppregeln

Anlass von Beschwerden ist oft die Verletzung von Grenzen und Rechten der Kinder (s. „Verhinderungsbeschwerden"). Eine Möglichkeit, mit diesen Beschwerden umzugehen, ist, gemeinsam mit den Kindern Regeln und Signale festzulegen, die dem Gegenüber zeigen, dass eine persönliche Grenze erreicht ist. Das heißt, konkrete Vereinbarungen für Stoppzeichen und für das Verhalten der Person, die das Stoppzeichen wahrnimmt, zu treffen. Wenn das Thema „Grenzen/Grenzen setzen" mit den Kindern besprochen wird, ist es sinnvoll, dies anhand einer konkreten Situation zu tun.

„Ist das für euch noch okay?", fragt die Erzieherin Burcu zwei Jungen, die auf einer Matte heftig raufen. Beide halten kurz inne und signalisieren durch Kopfnicken, dass die Situation für sie noch in Ordnung ist. Im Abschlusskreis beschreibt Burcu die Situation vom Morgen noch einmal und berichtet den Kindern: „Ich hatte ganz schön Angst, dass einer von euch nicht sagt, wenn es zu doll wird." Dies wird zur Ausgangssituation für ein intensives Gespräch in der Gruppe und später sogar zum Gruppenprojekt, in dessen Verlauf die Kinder eigene Stoppregeln erarbeiten. „Dabei war es mir in der ganzen Zeit auch wichtig, dass nicht nur die Kinder mit den Stoppregeln arbeiten, sondern ich auch. Wir hatten im Team eine heiße Diskussion darüber, ob wir als Fachkräfte auch mal sagen dürfen ‚Heute nehme ich kein Kind auf den Schoß, das ist mir heute zu viel'." Im Rahmen dieses Projekts setzten sich die Kinder mit dem Recht auf persönliche Grenzen auseinander. „Sogar Begriffe wie ‚Würde' und ‚beschämen' haben wir gemeinsam im Kreis besprochen. Wichtig war für die Kinder auch der Satz: ‚Ich entscheide das; es ist ja mein Körper!' Der wurde bei vielen Gelegenheiten, z. B. beim Frühstück oder der Wahl des Spielortes, immer wieder gerade auch den Erwachsenen gegenüber geäußert." Gemeinsam mit den Kindern wurden Möglichkeiten der individuellen Grenzsetzung ebenso besprochen wie verabredete Signale, die für alle Kinder ein Stopp bedeuten. „Eine große Frage der Kinder dabei war: ‚Was tun wir, wenn Kinder oder Erwachsene sich nicht daran halten?' Das war für uns Fachkräfte auch eine Herausforderung. Wir wussten am Anfang nicht, was wir darauf antworten sollten. Dass wir als Erwachsene dafür keine fertige Lösung haben, haben wir den Kindern dann auch gesagt und gemeinsam versucht, Lösungen zu finden", berichtet Burcu später im Austausch mit Kolleginnen aus anderen Einrichtungen.

Stoppregeln implementieren

Ein Baustein des Beschwerdeverfahrens in der Kita sind Stoppregeln. Um die Einführung von Stoppregeln zu erleichtern, haben wir im Folgenden einen „Fahrplan" für die Umsetzung zusammengestellt.

1. Grundsätzliche Haltung im Team zu Grenzsetzungen klären

Die grundsätzliche Haltung der pädagogischen Fachkräfte zum Thema „Grenzen und Grenzsetzungen" muss vor der Bearbeitung mit den Kindern im Team geklärt werden. In einem zweiten Schritt kann ein gemeinsames methodisches Vorgehen geplant werden.

2. Persönliche Grenzen mit den Kindern zum Thema machen
Auch in der Umsetzung mit den Kindern steht die Auseinandersetzung mit persönlichen Grenzen an erster Stelle. In diesem Prozess ist es notwendig, den Kindern die Möglichkeit zu geben, ihre Grenzen und die der anderen bewusst wahrzunehmen. Dabei ist es wichtig, deutlich zu machen, dass es Grenzen gibt, die niemand überschreiten darf, und die Kinder zu ermächtigen, „Nein!" oder „Stopp!" zu sagen.

3. Regeln für den Umgang erarbeiten und verankern
Wie kann ich meine Grenzen deutlich machen? Welche Möglichkeiten der Grenzsetzung gibt es? Diese Fragen gilt es, in den Blick zu nehmen, und den Kindern die Möglichkeit zu geben, aktiv Grenzen zu setzen und zu lernen, sich zu äußern. Verschiedene Handlungsoptionen können gemeinsam entwickelt und erprobt werden. Im Anschluss daran werden die Regeln für den Umgang in der Gruppe und die Möglichkeiten der Beschwerde in diesem Bereich mit den Kindern erarbeitet. Das Verfahren wird dann im Kita-Alltag verankert. Dafür kann es z. B. hilfreich sein, die gemeinsam erarbeiteten Regeln zu visualisieren und sich mit der Frage nach dem Umgang mit Regelverstößen auseinanderzusetzen.

4. Gemeinsame Reflexion des Prozesses
Der Prozess wird mit den Kindern kontinuierlich reflektiert und stetig weiterentwickelt.

c) Beschwerde-Gremien

Gremien können durchaus wichtiger Bestandteil einer Beschwerdekultur in einer Kita sein. Ein Gremium setzt sich aus den gewählten Vertretern der unterschiedlichen Kindergruppen zusammen und befasst sich mit der Bearbeitung von Beschwerden, die eine größere Anzahl von Kindern betreffen. In der Praxis sind in einem Beschwerde-Gremium meist zwei Kinder aus jeder Stammgruppe und ein bis zwei Fachkräfte als Vertreterinnen der Erwachsenen und als Moderatorinnen vertreten. Gerade bei umfangreicheren Beschwerden können von einem Gremium z. B. Informationen eingeholt, Abstimmungen vorbereitet oder Strukturen erarbeitet werden. Beschwerde-Gremien dürfen jedoch nicht die alleinige Möglichkeit in der Kita sein, um die Anliegen der Kinder aufzunehmen. Denn für einige Kinder ist es deutlich schwerer, eine Beschwerde vor einer Gruppe als vor einer Einzelperson vorzubringen.

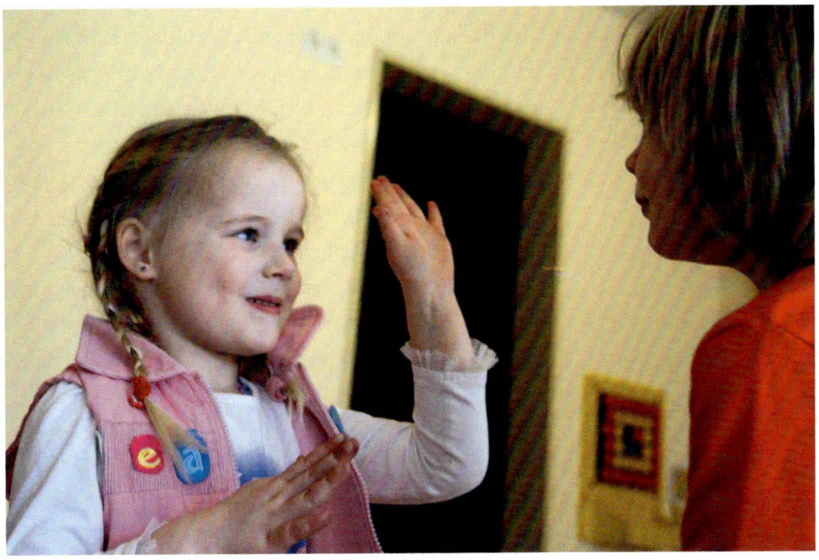
Stopp-Zeichen der anderen achten

d) Gestik und Körpersprache

Kolleginnen aus der Praxis berichten immer wieder, dass die Kinder gerade bei Verhinderungsbeschwerden von sich aus eine bestimmte Gestik benutzen. Diese Beobachtung führte in einer Kita dazu, dass die pädagogische Fachkraft die Frage „Wenn du Stopp sagen willst, wie zeigst du das?" mit den Kindern zum Thema machte. Die Kinder sammelten daraufhin Abwehr- oder Verhinderungsgesten und setzten sich in diesem Prozess auch intensiv mit ihrer eigenen Körpersprache auseinander. „Das war ein total spannender Prozess. Erst ging es nur um Mimik und Gestik und dann um den ganzen Körper. Zum Schluss waren die Kinder richtige Pantomime-Profis, die schon die kleinsten Körpersignale des anderen wahrnehmen und deuten konnten. In vielen Situationen gab es dann auch ein Verstehen ohne Worte bei den Kindern, das bis heute anhält", berichtete die Kollegin rückblickend.

e) Zufriedenheitsabfrage

Am Ende jeder Beschwerdebearbeitung sollten die Kinder die Möglichkeit für Rückmeldungen zum Prozess haben. Dies ist über eine Zufriedenheitsabfrage mit dem Ergebnis möglich. Für diese Abfrage können Methoden wie Befragung, Interview, Skalieren usw. eingesetzt werden, die auch für die Aufnahme einer Beschwerde genutzt wurden.

V. Die wichtigsten rechtlichen Grundlagen

1. Beteiligungs- und Beschwerderechte von Kindern

Das Recht auf freie Meinungsäußerung ist die Basis von Beschwerdeverfahren. Bestimmte Grundrechte der Kinder sind bereits verbindlich gesetzlich geregelt. Diese Rechte sind unter anderem in der UN-Kinderrechtskonvention, im Achten Sozialgesetzbuch sowie in unterschiedlichen Landesgesetzen festgeschrieben. Die Aufgabe pädagogischer Fachkräfte besteht darin, diese Rechte zu einem selbstverständlichen Bestandteil des Kita-Alltags werden zu lassen. Damit wird den Kindern neben dem Aspekt der Gleichwürdigkeit auch ein Demokratieverständnis von Anfang an vorgelebt und vermittelt.

2. UN-Kinderrechtskonvention

Am 20. November 1989 wurde die Konvention über die Rechte des Kindes in der UN-Generalversammlung verabschiedet. Bis auf Somalia und die USA wurde sie inzwischen von allen Staaten ratifiziert. In Deutschland ist die Kinderrechtskonvention (KRK) am 5. April 1992 in Kraft getreten. Die UN-KRK besteht aus 54 Artikeln und behandelt die Rechte der Kinder, die weltweit für alle Menschen zwischen 0 und 18 Jahre gelten sollen.
Das Bundesministerium für Familie, Senioren, Frauen und Jugend verantwortet in Deutschland in erster Linie die Umsetzung der Kinderrechtskonvention. Dort kann sie auch in deutscher Übersetzung angefordert werden (www.bmfsfj.de). Die Gleichheit, der Schutz, die Förderung und die Partizipation von Kindern sind Kerngedanken der Konvention, die von den Unterzeichnerstaaten umgesetzt werden müssen.
Die grundlegende und wichtigste Aussage der KRK liegt darin, dass Kinder als eigenständige Persönlichkeiten angesehen werden, die schon von Geburt an eigene Rechte haben. Der Berücksichtigung des Kindeswillens wird eine große Bedeutung beigemessen. In Artikel 12 Absatz 1 heißt es: „Die Vertragsstaaten sichern dem Kind, das fähig ist, sich eine eigene Meinung zu bilden, das Recht zu, diese Meinung in allen das Kind berührenden Angelegenheiten frei zu äußern, und berücksichtigen die Meinung des Kindes angemessen und entsprechend seinem Alter und seiner Reife."
Pädagogische Fachkräfte in der Kita haben die Aufgabe, zu gewährleisten, dass Kinder von diesem Recht Gebrauch machen können. Ein Beschwerdeverfahren bietet den Kindern die Möglichkeit, ihre Meinung zu äußern, und macht deutlich, wie die geäußerten Anliegen und Bedürfnisse von Kindern und Erwachsenen gemeinsam bearbeitet werden. „Das Recht des Kindes auf Beteiligung nach Art. 12 Abs. 1 der UN-Kinderrechtskonvention ist nicht an eine Altersgrenze gebunden und gilt für alle Kinder. Besondere Herausforderungen ergeben sich im Falle junger, der Sprache noch nicht mächtiger Kinder sowie bei Kindern mit besonderen Bedürfnissen, zum Beispiel aufgrund von Krankheit, Behinderung, Migrations- oder Gewalterfahrungen. Hier sind besondere (unter anderem empathische) Fähig-

Auch das Recht auf Beschwerde ist gesetzlich verankert

keiten der verantwortlichen Erwachsenen notwendig, um auch diese Kinder angemessen an den sie betreffenden Entscheidungen zu beteiligen" (Maywald 2013, S. 38).

Kinderrechte in der Praxis

Nachfolgend soll ein zentrales Recht der UN-Kinderrechtskonvention exemplarisch veranschaulicht werden: Alle Kinder haben die gleichen Rechte. Kein Kind darf benachteiligt werden.

Kherim kommt entrüstet zur Erzieherin: „Es sind fünf Mädchen draußen. Bei den Jungs dürfen immer nur vier!" In der Kita gilt bislang die Regel, dass maximal vier Kinder ohne Fachkraft auf das Außengelände dürfen. Gleich zwei mögliche Beschwerdebereiche werden hier von Kherim vorgebracht. Zum einen, dass die maximal erlaubte Anzahl von Kindern überschritten wurde, zum anderen, dass es für ihn einen zumindest gefühlten Unterschied in der Behandlung der Geschlechter gibt. Bevor diese Beschwerde bearbeitet werden kann, gilt es, die Aspekte der Beschwerde und die Bedürfnisse, die dahinterstecken, zu beleuchten. Im Kita-Alltag sorgt das oben genannte Kinderrecht für Herausforderungen, denn ebenso wie nicht alle pädagogischen Fachkräfte in der Einrichtung die gleichen Rechte haben, werden in der Praxis auch nicht allen Kindern die gleichen Rechte gewährt (z. B. aufgrund von Altersunterschieden).

3. Bundeskinderschutzgesetz

Am 1. Januar 2012 ist das neue Bundeskinderschutzgesetz in Kraft getreten. Das Gesetz steht für umfassende Verbesserungen im Kinderschutz in Deutschland. Es will Prävention und Intervention gleichermaßen voranbringen und alle Akteure stärken, die sich für das Wohlergehen von Kindern engagieren – angefangen bei den Eltern über den Kinderarzt oder die Hebamme bis hin zum Jugendamt oder Familiengericht.

In den vergangenen Jahren haben Bund, Länder und Kommunen vielfältige Anstrengungen unternommen, um Lücken im Kinderschutz zu identifizieren und zu schließen. Hierzu zählen insbesondere das Aktionsprogramm „Frühe Hilfen" des Bundesfamilienministeriums, die Einrichtung des Nationalen Zentrums Frühe Hilfen sowie zahlreiche Kinderschutzkonzeptionen in Ländern und Kommunen.

Verbindliche Standards in der Kinder- und Jugendhilfe

Eine kontinuierliche Qualitätsentwicklung ist nunmehr in allen Bereichen der Kinder- und Jugendhilfe Pflicht. Dabei geht es insbesondere auch um die Entwicklung, Anwendung und Überprüfung von Standards für die Sicherung der Rechte von Kindern und Jugendlichen in Einrichtungen und ihren Schutz vor Gewalt. An die Umsetzung von Maßnahmen zur Qualitätsentwicklung und -sicherung ist auch die Finanzierung aus öffentlichen Mitteln geknüpft.

Evaluation

Die Bundesregierung ist verpflichtet, dem Deutschen Bundestag bis zum 31. Dezember 2015 einen Bericht über die Evaluation des Bundeskinderschutzgesetzes vorzulegen. Zur umfassenden Analyse der Wirkungen des Gesetzes hat das Bundesfamilienministerium eine Kooperationsplattform eingerichtet, an der unter anderem das Deutsche Jugendinstitut und die Dortmunder Arbeitsstelle Kinder- und Jugendhilfestatistik mitwirken.

4. Kinder- und Jugendhilfegesetz (SGB VIII)

§ 45 Erlaubnis für den Betrieb einer Einrichtung

(1) Der Träger einer Einrichtung, in der Kinder oder Jugendliche ganztägig oder für einen Teil des Tages betreut werden oder Unterkunft erhalten, bedarf für den Betrieb der Einrichtung der Erlaubnis. (…)

(2) Die Erlaubnis ist zu erteilen, wenn das Wohl der Kinder und Jugendlichen in der Einrichtung gewährleistet ist. Dies ist in der Regel anzunehmen, wenn
1. die dem Zweck und der Konzeption der Einrichtung entsprechenden räumlichen, fachlichen, wirtschaftlichen und personellen Voraussetzungen für den Betrieb erfüllt sind,
2. die gesellschaftliche und sprachliche Integration in der Einrichtung unterstützt wird sowie die gesundheitliche Vorsorge und die medizinische Betreuung der Kinder und Jugendlichen nicht erschwert werden sowie
3. zur Sicherung der Rechte von Kindern und Jugendlichen in der Einrichtung geeignete Verfahren der Beteiligung sowie der Möglichkeit der Beschwerde in persönlichen Angelegenheiten Anwendung finden.

(3) Zur Prüfung der Voraussetzungen hat der Träger der Einrichtung mit dem Antrag
1. die Konzeption der Einrichtung vorzulegen, die auch Auskunft über Maßnahmen zur Qualitätsentwicklung und -sicherung gibt (…).

§ 79a Qualitätsentwicklung in der Kinder- und Jugendhilfe

Um die Aufgaben der Kinder- und Jugendhilfe nach § 2 zu erfüllen, haben die Träger der öffentlichen Jugendhilfe Grundsätze und Maßstäbe für die Bewertung der Qualität sowie geeignete Maßnahmen zu ihrer Gewährleistung für
1. die Gewährung und Erbringung von Leistungen,
2. die Erfüllung anderer Aufgaben,
3. den Prozess der Gefährdungseinschätzung nach § 8a,
4. die Zusammenarbeit mit anderen Institutionen
weiterzuentwickeln, anzuwenden und regelmäßig zu überprüfen. Dazu zählen auch Qualitätsmerkmale für die Sicherung der Rechte von Kindern und Jugendlichen in Einrichtungen und ihren Schutz vor Gewalt. Die Träger der öffentlichen Jugendhilfe orientieren sich dabei an den fachlichen Empfehlungen der nach § 85 Absatz 2 zuständigen Behörden und an bereits angewandten Grundsätzen und Maßstäben für die Bewertung der Qualität sowie Maßnahmen zu ihrer Gewährleistung.

§ 8b Fachliche Beratung und Begleitung zum Schutz von Kindern und Jugendlichen

(1) Personen, die beruflich in Kontakt mit Kindern oder Jugendlichen stehen, haben bei der Einschätzung einer Kindeswohlgefährdung im Einzelfall gegenüber dem örtlichen Träger der Jugendhilfe Anspruch auf Beratung durch eine insoweit erfahrene Fachkraft.
(2) Träger von Einrichtungen, in denen sich Kinder oder Jugendliche ganztägig oder für einen Teil des Tages aufhalten oder in denen sie Unterkunft erhalten, und die zuständigen Leistungsträger, haben gegenüber dem überörtlichen Träger der Jugendhilfe Anspruch auf Beratung bei der Entwicklung und Anwendung fachlicher Handlungsleitlinien
1. zur Sicherung des Kindeswohls und zum Schutz vor Gewalt sowie
2. zu Verfahren der Beteiligung von Kindern und Jugendlichen an strukturellen Entscheidungen in der Einrichtung sowie zu Beschwerdeverfahren in persönlichen Angelegenheiten.

Literaturtipp:

Jörg Maywald: Kindeswohlgefährdung – vorbeugen, erkennen, handeln. kindergarten heute – wissen kompakt/spezial. Verlag Herder, völlig überarb. Neuausgabe, Freiburg 2012 (darin die Beiträge zu Kinderrechten).

Danksagung

Wir danken

- Britta, Kirsten und Debby für das Ausprobieren, Nachjustieren und für die hilfreichen kritischen Anmerkungen;
- den pädagogischen Fachkräften, die sich vertrauensvoll mit uns gemeinsam auf den Weg des Umgangs mit Beschwerden der Kinder gemacht und sich mit ihren pädagogischen Ansätzen immer wieder hinterfragt haben;
- den Eltern, die mit den pädagogischen Fachkräften und uns neue Ideen ausprobiert und ihre Kinder zu Beschwerden ermutigt haben (und das nicht nur im Kita-Alltag);
- dem Ministerium für Soziales, Gesundheit, Familie und Gleichstellung des Landes Schleswig-Holstein für die Unterstützung des Modellprojektes „Beschwerdeverfahren für Kinder in Kindertagesstätten";
- unseren Familien für die Begleitung und Geduld.

Literatur

- Bundesarbeitsgemeinschaft der Landesjugendämter: Sicherung von Rechten der Kinder als Qualitätsmerkmal von Kindertageseinrichtungen. Eisenach 2013.
- Enders, Ursula/Kossatz, Yücel/Kelkel, Martin/Eberhardt, Bernd: Zur Differenzierung zwischen Grenzverletzungen, Übergriffen und strafrechtlich relevanten Formen der Gewalt im pädagogischen Alltag (2010). PDF-Download.
- Kazemi-Veisari, Erika: Partizipation. Hier entscheiden Kinder mit. Verlag Herder, Freiburg 1998.
- Maywald, Jörg: Kinderschutz in der Kita. Verlag Herder, 2. überarb. Aufl., Freiburg 2013.
- Niedersächsisches Institut für frühkindliche Bildung und Entwicklung: http://nifbe.de/fachbeitraege/beitraege-von-a-z/23-themensammlung/grundlagen-a-grundfragen/418?showall=&start=1
- Obrecht, Werner: Umrisse einer biopsychosoziokulturellen Theorie menschlicher Bedürfnisse. Geschichte, Probleme, Struktur, Funktion. Interdisziplinärer Universitätslehrgang für Sozialwirtschaft, Management und Organisation sozialer Dienste (ISMOS) der Wirtschaftsuniversität Wien 1999.
- Oerter, Rolf/Montada, Leo (Hrsg.): Entwicklungspsychologie. Verlag Beltz, 6., vollständig überarb. Aufl., Weinheim, Basel 2008.
- Pallasch, Waldemar/Kölln, Detlef: Pädagogisches Gesprächstraining. Lern- und Trainingsprogramm zur Vermittlung pädagogisch-therapeutischer Gesprächs- und Beratungskompetenz. Verlag Beltz, 8. Aufl., Weinheim, Basel 2011.
- Regner, Michael/Schubert-Suffrian, Franziska: Partizipation in der Kita. Projekte mit Kindern gestalten. Verlag Herder, 2., überarb. Aufl., Freiburg 2013.
- Regner, Michael/Schubert-Suffrian, Franziska: Partizipation in der Kita. kindergarten heute – praxis kompakt. Verlag Herder, Freiburg 2009.
- Regner, Michael/Schubert-Suffrian, Franziska: Portfolioarbeit mit Kindern. kindergarten heute – praxis kompakt. Verlag Herder, Freiburg 2011.
- Rosenberg, Marshall B.: Gewaltfreie Kommunikation. Eine Sprache des Lebens. Junfermann Verlag, 7. Aufl., Paderborn 2007.
- Schneewind, Klaus A.: Persönlichkeitstheorien, Bd. 2: Organismische und dialektische Ansätze. Primus Verlag, 2. Aufl., Darmstadt 1996.
- Stauss, Bernd/Seidel, Wolfgang: Beschwerdemanagement. Unzufriedene Kunden als profitable Zielgruppe. Hanser Verlag, 4., vollständig überarb. Aufl., München 2007.
- Urban-Stahl, Ulrike: Beschweren erlaubt! 10 Empfehlungen zur Implementierung von Beschwerdeverfahren in Einrichtungen der Kinder- und Jugendhilfe. BIBEK, Berlin 2013.
- Völkel, Petra/Viernickel, Susanne (Hrsg.): Fühlen, bewegen, sprechen und lernen. Meilensteine der Entwicklung bei Kleinstkindern. Bildungsverlag EINS, Troisdorf 2009.

Impressum:

praxis kompakt: Beschwerdeverfahren für Kinder ist ein Sonderheft von ‚kindergarten heute – Die Fachzeitschrift für Erziehung, Bildung und Betreuung von Kindern'

Redaktion:
Carolin Küstner (verantw.)

Anschrift der Redaktion:
Hermann-Herder-Str. 4
79104 Freiburg
Tel.: 0761 / 2717 - 439
Fax: 0761 / 2717 - 240
E-Mail: redaktion@kindergarten-heute.de
www.kindergarten-heute.de

Verlag:
© Verlag Herder GmbH, Freiburg i. Br. 2014
Alle Rechte vorbehalten
www.herder.de

Fotos:
Titelfoto + Fotos S. 10, 13, 15, 26, 31, 33, 41: Hartmut W. Schmidt, Freiburg
Fotos S. 5, 6, 7, 8, 14, 19, 20, 23, 24, 25, 26, 29, 30, 35, 36, 37, 39: Michael Regner, Kaltenkirchen

Layout:
Frank & Konsorten
Werbeagentur, Lahr

Satz und digitale Bearbeitung:
fgb · freiburger graphische betriebe

Druck:
Medienhaus Plump GmbH,
Rheinbreitbach

Leserservice:
Verlag Herder GmbH
Hermann-Herder-Str. 4
79104 Freiburg
Tel. 0761 / 2717 - 379
0761 / 2717 - 244
Fax: 0761 / 2717 - 249
E-Mail: kundenservice@herder.de

Gedruckt auf chlorfrei gebleichtem Papier

Printed in Germany

Titelnummer 532
ISBN 978-3-451-00532-9

1. Auflage 2014